CATALOGUE

DE

L'EXPOSITION ORIENTALE

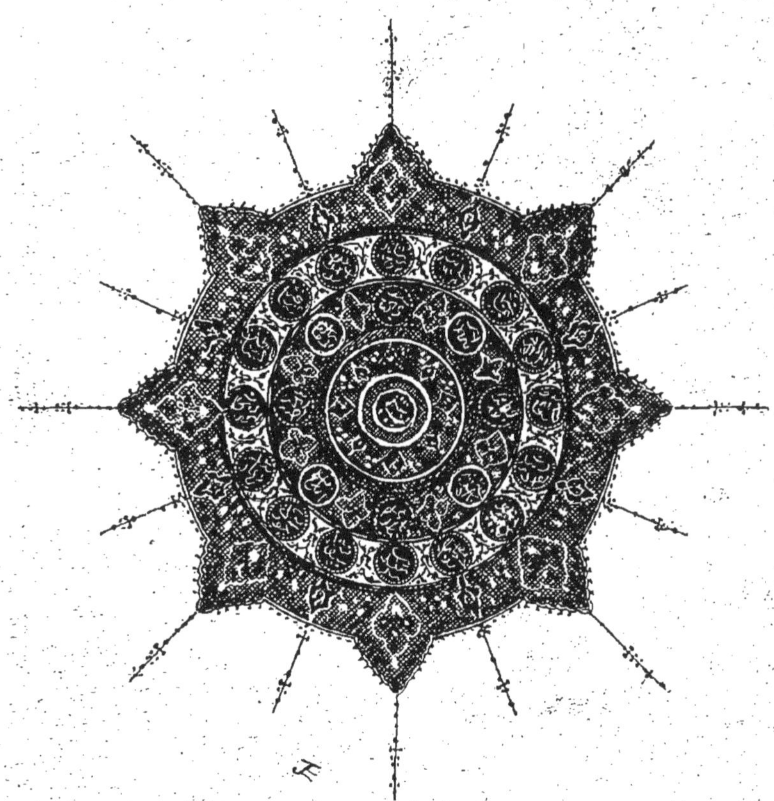

BIBLIOTHÈQUE NATIONALE

MAI-JUIN 1925

DEMOTTE

OBJETS D'ART

EDITIONS D'ART

PARIS
27 Rue de Berri.

NEW-YORK
8 East 57 Street.

CATALOGUE

DE

L'EXPOSITION ORIENTALE

CE CATALOGUE A ÉTÉ ÉTABLI PAR LES SOINS DES « ÉDITIONS DE LA GAZETTE DES BEAUX-ARTS » 106, BOULEVARD SAINT-GERMAIN - PARIS (6e)

BIBLIOTHÈQUE NATIONALE

CATALOGUE

DES

MANUSCRITS A PEINTURES

ESTAMPES - MÉDAILLES - MONNAIES
OBJETS D'ART - LIVRES ET CARTES

exposés du 19 Mai au 19 Juin 1925

ÉDITIONS DE LA GAZETTE DES BEAUX-ARTS
106, Boulevard Saint-Germain, 106
PARIS (6e)

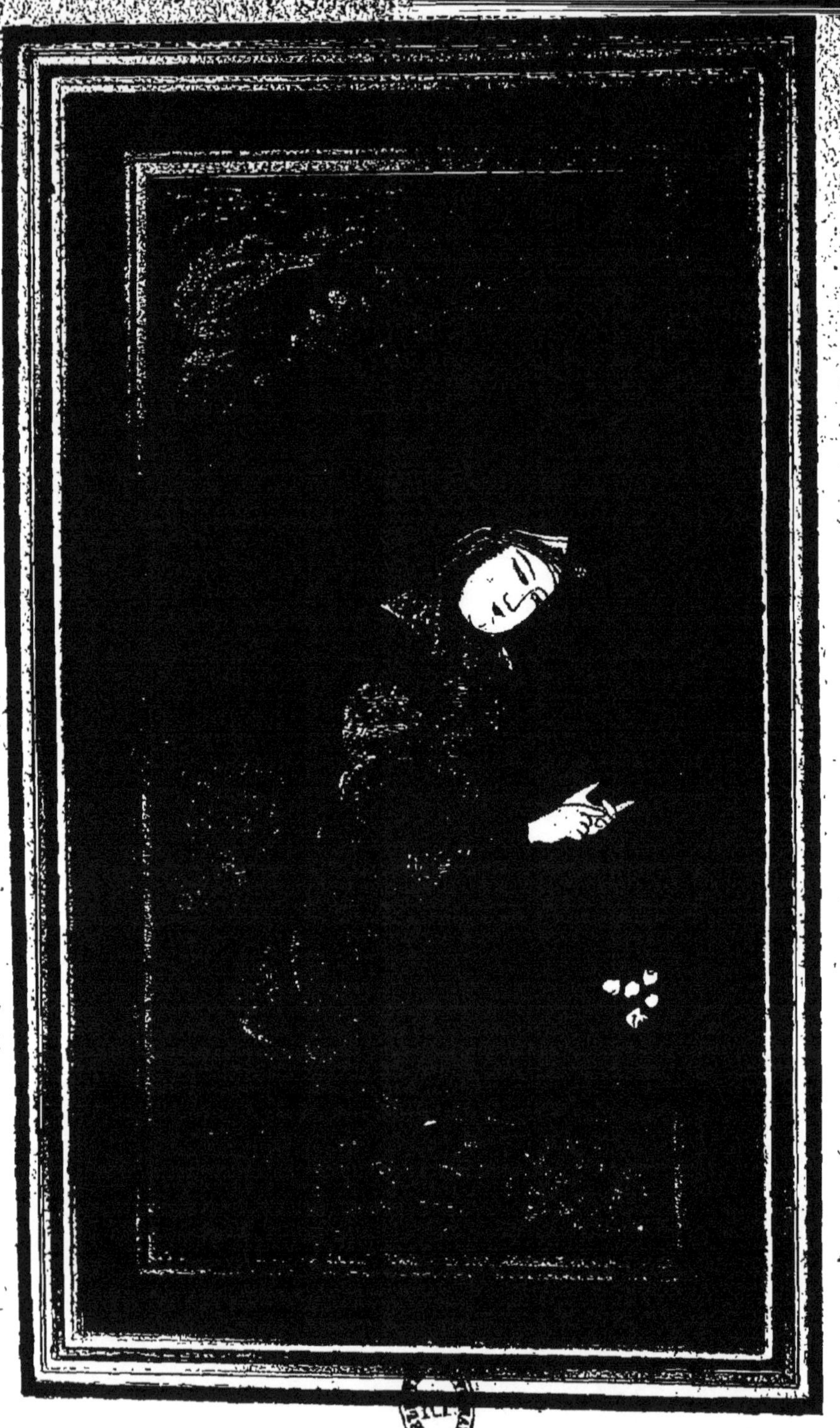

PORTRAIT DE LA FEMME D'UN VIZIR DE SHAH ABBAS Ier
Roi de Perse
PAR RIZA-I ABBADDI (vers 1620)

AVANT-PROPOS

Nous exposons aujourd'hui quelques-unes des œuvres dont notre fonds oriental se compose, pour que le public cultivé puisse se rendre compte, une fois encore, de la richessse et de la variété qui caractérisent les collections de la Bibliothèque Nationale.

Déjà notre Choix de chefs-d'œuvre, *au printemps 1924 et, cette année même, l'exposition* Ronsard et son Temps *bénéficièrent du plus favorable accueil. Ce nouvel ensemble obtiendra, je l'espère, un égal succès. Il est formé des manuscrits, miniatures, estampes et objets les plus beaux ou les plus rares que nous légua l'Asie, proche ou lointaine. Le caractère, la qualité, les origines très différentes, le prestige de telles pièces doivent séduire tous ceux qui se passionnent pour les nobles productions de l'esprit et de l'art.*

Il ne faudrait point considérer cette manifestation comme l'indice de préférences arbitraires. Entre 1904 et 1908, quatre expositions furent organisées rue Richelieu. Depuis lors, et jusqu'en 1924, les circonstances n'autorisèrent pas le renouvellement de semblables expériences. Nous avions donc, mes collaborateurs et moi, le devoir de rappeler, tout d'abord, qu'un établissement existe qui ne le cède en rien aux plus grands musées et bibliothèques du monde. Un prologue s'imposait, dont fussent bannies certaines préoccupations d'ordre scientifique et technique trop austères. En dépit d'insuffisances, qui ne nous ont point échappé, nous nous sommes ainsi efforcés à réaliser le plan qui nous était commandé par un long recueillement. La bienveillance de l'opinion et de la Presse nous laisse croire que nos initiatives n'auront pas été vaines.

Le contraste qui apparaît entre les œuvres rassemblées ici même, il y a quelques mois, et celles qui leur sont aujourd'hui substituées, constitue le plus probant témoignage du libéralisme, avec lequel les hommes perspicaces, qui nous précédèrent, ont formé nos collections. La mise en évidence d'une telle diversité comporte des avantages qui ne le cèdent en rien au profit d'un enseignement plus méthodique et discipliné. Elle nous permet aussi de rendre hommage à nos aînés, pour la clairvoyance dont ils firent preuve.

J'ajouterai qu'afin de mieux dégager encore la volonté qui, depuis des siècles, tendit, sous toutes les formes, à enrichir nos collections, il suffit d'évoquer la manière dont les pièces que nous présentons se trouvèrent incorporées dans nos fonds. Volonté qui mérite qu'on la dégage, non en obéissant à des considérations pédantes, mais en ramenant progressivement au jour les magnifiques ensembles que la France possède.

L'honneur d'avoir acquis pour la Bibliothèque royale des manuscrits orientaux paraît revenir initialement au grand historien Jacques de Thou. Il fut secondé, dans cette entreprise, entre 1612 et 1614, par Achille de Harlay de Sancy, notre ambassadeur à Constantinople.

C'est Colbert, toutefois, qui organisa et subventionna les premières explorations vraiment scientifiques dont l'Asie fut l'objet de la part de nos compatriotes. De 1668 *à* 1674, *Monceaux et Laisné, puis, de* 1671 *à* 1674, *le père Wansleben exécutèrent de fructueuses missions. Sur d'autres ordres de Colbert, nos ambassadeurs, le marquis de Nointel, Gabriel de Guilleragues et Pierre de Girardin, entreprirent également des recherches couronnées de succès. Galland et le Père Besnier les aidèrent.*

Sous Louis XV, deux autres ambassadeurs, les marquis de Bonnac et de Villeneuve témoignèrent d'un zèle éclairé. Vers la même époque, les abbés Sevin et Fourmont effectuèrent d'heureuses découvertes. L'abbé Sevin, par exemple, recueillit près de quatre cents manuscrits turcs, arméniens, arabes et persans. Des pères jésuites, dont le Père le Gac et divers agents de la Compagnie des Indes se distinguèrent aussi dans l'Hindoustan et en Chine.

Les envois que firent, peu après, Anquetil Duperron et le colonel Gentil constituèrent les dernières acquisitions dont, en matière de manuscrits oreintaux, bénéficia la Bibliothèque royale, avant la chûte de l'ancien régime.

Sous la Révolution, plusieurs pièces d'une haute valeur furent transférées de divers couvents comme du Trésor de Saint-Denis et de Chartres à la Bibliothèque nationale. On peut citer le manuscrit des Séances *de Hariri (Arabe* 3929*) ainsi que la* Coupe de Chosroes, *la* Pièce d'échiquier *dite de Charmagne, le camée figurant* un lion qui dévore un taureau. *Plus tard, Bonaparte trouva au Caire diverses œuvres, dont le* double traité d'astrologie *(supplément turc* 85*), et les fit entrer, par l'intermédiaire de Monge, dans nos collections. Enfin, les achats qui se sont succédé durant le XIX*[e] *siècle, les legs et les dons de généreux bienfaiteurs, tels que le duc de*

Luynes (objets d'art et monnaies), Schefer, Darmesteter, Smith-Lesouëf (manuscrits et miniatures), Marteau (manuscrits et estampes), Alexis Rouart et MM. Paul et Franck Haviland, Charles Vignier (estampes), etc., ont porté notre fonds oriental à son degré actuel d'importance. On est en droit de le considérer comme le plus varié, le plus beau qui existe avec celui du British Museum. (1)

Parmi les peintures chinoises que nous avons exposées, deux appartiennent à la Manufacture nationale des Gobelins (Biche et cerf, Bélier, mouton et chèvre, *fin du XVII*[e] *siècle ; dynastie de Kang'hi) et trois autres, dont deux paysages attribués, sous certaines réserves, à Ma Lin et Tchao-Po-Kin, sont la propriété du Musée Guimet, qui voulut bien nous prêter aussi la tête d'une* Devata *d'Angkor, chef-d'œuvre d'expression et de style.*

Dans trois vitrines se trouvent rassemblées, d'autre part, quelques-unes des plus admirables faïences que possède la Manufacture nationale de Sèvres. Elles ont été choisies parmi ses collections de Rhodes, d'Arabie, de Perse, de Chine, du Japon, etc.

Nous étions préoccupés, cependant, de permettre au visiteur de saisir pleinement les motifs pour lesquels notre Bibliothèque s'est enrichie, à travers les âges, d'ouvrages si différents de ceux, qu'au premier abord, semblaient devoir préférer nos

---

(1) Nous mentionnerons encore la Collection de l'Office des Indes orientales (Londres), les séries du Musée asiatique et du Ministère des Affaires étrangères russes. A Boston, existe une suite extrêmement riche de pièces chinoises et japonaises. Berlin possède aussi d'intéressants manuscrits persans et turcs.

*ancêtres. Nous avons donc complété notre exposition orientale par une sélection de livres, de manuscrits, d'illustrations, de gravures et de cartes où des Européens, et plus particulièrement des Français, évoquèrent, jusqu'au XVIII*e *siècle, les pays comme les peuples de l'Asie.*

C'est ainsi qu'il nous parut intéressant de présenter divers manuscrits occidentaux qui contiennent les relations des explorateurs de l'Orient, avant la Renaissance. Le plus célèbre d'entre ces ouvrages a pour titre le Livre des merveilles. *Il fut offert, en* 1413, *au duc de Berry, par son neveu Jean sans Peur, duc de Bourgogne, et renferme le récit des voyages qu'accomplirent, à la fin du XIII*e *siècle, Marco Polo et ses émules ; témoignage unique de la manière dont, en Europe, on concevait alors l'Asie et ses mœurs. Nous y avons joint* l'Atlas catalan, *dit de Charles V, parce que ce roi acheta, pour sa bibliothèque, ce spécimen précieux et complet, entre tous, de la cartographie du Moyen Age, œuvre du juif majorquais Abraham Cresques.*

*Dans d'autres ouvrages exposés revit d'abord le souvenir d'orfèvres, dont l'un d'eux séjourna à Karakorum au XIII*e *siècle, l'autre à Pékin au XIV*e *siècle, un troisième, le Bordelais Iriarte, à Lahore en* 1625, *ville où il aurait travaillé au trône du Grand Mogol. Chardin, également fils d'un joaillier de la place Dauphine, s'acquit, en Perse, un renom durable.*

Plusieurs de ces voyageurs étaient des archéologues. Nous leur devons les vues des ruines de Palmyre, de Persépolis, de Jérusalem; Jacques Callot interpréta l'une d'elles.

Parmi nos compatriotes, quelques-uns s'adaptèrent aux mœurs orientales jusqu'à revêtir le costume des Asiatiques eux-mêmes : ainsi l'Angevin La Boullaye le Gouy (Ibrahim

Bey), le chevalier de Forbin, qui devint amiral siamois, le nabab René Madec et le Pacha de Bonneval, sans compter Georges de Virgile, personnage énigmatique mi français, mi hindou. Ses mémoires, écrits au temps de François Ier, perdus aujourd'hui, semblent avoir inspiré un roman du XVIIIe siècle : Crementine, princesse de Sanga, histoire indienne.

Je noterai encore que de savants Jésuites, membres de l'Académie des Sciences, vécurent en Chine, sous le règne de Louis XIV. Habillés comme les fils du Ciel, ils desservirent l'Observatoire de Pékin. Quant aux hommes qui fondèrent dans l'Inde un empire français, Dupleix, La Bourdonnais, Bussy-Castelnau, leur place était marquée à côté de semblables témoignages. Une pièce, entre autres, ne manquera pas d'émouvoir c'est la carte que La Bourdonnais, captif à la Bastille, traça, pour démontrer son innocence, sur un mouchoir, gommé avec de l'eau de riz.

Quelques gravures complètent cette suite d'ouvrages, d'illustrations et de cartes, dont le petit nombre ne diminue ni l'intérêt ni la portée : les Batailles de la Chine *(Bibliothèque Mazarine) furent exécutées sous la direction de Cochin, vers 1765, pour l'empereur du Céleste empire ; les autres, d'après les dessins de Watteau, de Van Loo, etc...*

*Il convenait de créer un cadre qui fût digne de l'exposition orientale. Sur les murs nous avons donc placé, d'abord, les deux tapisseries en haute lisse, connues sous le titre de l'*Ambassade turque. *L'une représente* l'Entrée de Mehemet Effendi, ambassadeur de l'Empire ottoman, par le jardin des Tuileries ; *l'autre* la Sortie de l'ambassadeur. *Elles sont l'œuvre (1731 à 1734) des maîtres tapissiers Le Febvre et Monmerque, d'après les cartons commandés à Charles Parrocel,* *par le duc d'Antin. Pierre-Josse Perrot établit les modèles des bordures. Ces tapisseries, les plus belles peut-être du XVIII*e *siècle, devaient avoir une suite, où aurait été retracée l'histoire du règne de Louis XV. Elles n'ont été exécutées qu'une seule fois, à la Manufacture des Gobelins.*

De la même manufacture, provient la troisième tapisserie que nous exposons, l'Indien à cheval. *C'est une pièce en basse lisse de la tenture dite* les Indes, *qui date de la fin du XVII*e *siècle et rappelle les œuvres de peintres hollandais offertes à Louis XIV par le prince de Nassau. Plus tard François Desportes transposa ces tableaux dans une seconde série connue sous le nom de* Nouvelles Indes *et exécutée plusieurs fois, comme la précédente.*

Seuls, les somptueux tapis persans qui ornent les autres parties de la salle, n'appartiennent point au Mobilier National. Ils sont la propriété de Madame la comtesse de Behague, qui accepta de nous les prêter, avec une complaisance et un libéralisme dont nous lui sommes infiniment reconnaissants.

Telle qu'elle a été conçue et réalisée, l'Exposition orientale, *je l'écrivais au début de cet avant-propos, marque, de la part de notre Etablissement, un nouvel effort pour révéler aux Français les richesses bibliographiques et artistiques, dont ils ont le droit de s'enorgueillir. Elle sera la dernière, nous osons tous ici le souhaiter, qui s'ouvrira avant que la promulgation intervienne de la loi sur la* Réunion *des Bibliothèques Nationales. Souple et puissant régime, dont bénéficie le Louvre depuis* 1896, *et qui, sans dépense budgétaire nouvelle, permettra aux grands Dépôts parisiens, de coordonner leurs besoins, d'accroître leur rendement et de développer, par des recettes nombreuses, les ressources dont ils disposent pour progresser.*

Lorsque cette loi sera entrée en vigueur, nous disposerons alors de moyens financiers propres au transfert de nos expositions à la Galerie Mazarine. Nous pourrons ainsi présenter, dans une vaste salle, digne de notre maison, la suite incomparable de nos manuscrits à peintures et des séries complètes comme celles de la Renaissance, du XVIIe et du XVIIIe siècles, de la Révolution, de l'Empire, etc.

En terminant, j'exprimerai d'abord notre gratitude à M. Edouard Herriot, ancien Président du Conseil, Président de la Chambre des Députés. qui voulut bien subventionner cette exposition et lui accorder son haut patronage. Je remercierai également les personnalités qui, soit par des prêts, soit par leur concours immédiat, ont contribué avec autant de science que de goût à la mise au point de notre entreprise : Mme la comtesse de Behague, M. Pol Neveux, Inspecteur général des Bibliothèques, M. Maurice Croiset et les membres du Comité de la Société des Amis de la Bibliothèque nationale, M. de Porto-Riche, Administrateur de la Bibliothèque Mazarine, MM. Gustave Geffroy et Planés, Administrateur et Administrateur-adjoint de la Manufacture des Gobelins, MM. Le Chevalier-Chevignard et Savreux, Administrateur de la Manufacture de Sèvres et Conservateur de son Musée, MM. Hackin, Maitre et Philippe Stern, Conservateur, Conservateur-adjoint et Bibliothécaire du Musée Guimet, MM. Dumonthier, Janneau, Administrateur et Administrateur-adjoint du Mobilier national, comme leur chef de service M. Richard ; M. R. Cantinelli, Bibliothécaire en chef de la Chambre des Députés, et mes collaborateurs MM. Th. Mortreuil, Ch. Bourel de La Roncière, P. André Lemoisné, C. Couderc, Jean Babelon, André Martin, Blochet, Dacier, David, Pierre Mornand,

Secrétaire-général, Conservateurs, Conservateurs-adjoints et Bibliothécaires de la Bibliothèque Nationale.

Mais je commettrais une injustice si je n'associais pas, dans cette pensée reconnaissante, tous les autres fonctionnaires et agents de notre établissement. Chacun d'eux assuma une charge plus lourde pour nous permettre de mener à bien le programme que j'avais fixé. C'est leur dévouement qui aura constitué le gage essentiel du succès.

P. R. ROLAND-MARCEL.

MANUSCRITS

Les peintures décrites dans ce catalogue décorent une série unique de livres extrêmement luxueux copiés et ornés, du XIIe au XVIIIe siècle, dans les états soumis aux rois de l'Islam.

Les plus anciennes de ces peintures illustrent le texte de manuscrits exécutés dans le nord de la Syrie et en Mésopotamie, de 1150 à 1240 environ. Elles paraissent dériver, comme l'a indiqué M. Blochet, des enluminures de livres copiés, dans ces provinces de l'empire du khalife abbasside, par les Chrétiens orientaux, descendants de ces Araméens de Syrie, qui avaient été, jusqu'au VIIe siècle, les sujets des empereurs de Byzance et dont l'art continuait les traditions du Bas-Empire.

Avant les dernières années du Xe siècle, l'Islam ne fit aucune place à la peinture dans le texte des manuscrits. Les Chrétiens, au contraire, ne cessèrent pas d'enluminer leurs livres après la conquête musulmane, comme ils le faisaient sous le règne des empereurs de Byzance. Aussi, le talent des artistes chrétiens fut-il mis à contribution pour tout ce qui ne rentrait pas dans le domaine du Koran et des sciences koraniques : recueils de contes, fables de Bidpaï, nouvelles composées par Hariri, sous le titre de *Séances*, livres de médecine, en un mot tous ceux des premiers livres écrits en arabe où ne paraissent ni le nom d'Allah ni celui de son prophète.

Au XIe siècle, les Musulmans s'enhardirent et continuèrent l'œuvre autrefois entreprise par les *rayas* chrétiens, mais sans rien innover.

L'Iran qui, de la fin du VIIe siècle au commencement du XIe, formait les provinces orientales de l'empire des khalifes, paraît s'être inspiré presqu'exclusivement des formes occidentales, nées en Mésopotamie et en Syrie.

Les livres arabes enluminés à Baghdad montèrent, par Hamadhan, sur le plateau iranien, et les peintures qui les décoraient plurent aux Persans. Les Persans imitaient tout ce qui leur venait de Baghdad, et ils recopièrent ces peintures sorties des ateliers des rives du Tigre et de l'Euphrate.

Jusqu'au début du XIVe siècle, l'imitation mésopotamienne est la caractéristique de la miniature persane, dont les procédés arrivent alors à la perfection chez les artistes employés à Tauris par le vizir Rashid ad-Din. Leur technique, large et richement colorée, évolue dans des formules très restreintes durant les deux derniers tiers du siècle, époque de l'effondrement de la puissance mongole.

De 1380 à 1480, les écoles timourides sortent de ce chaos. Elles répètent alors les formules des ateliers de Tauris, puis, de 1480 aux premières années du XVIe siècle, l'art persan atteint son apogée à Hérat, avec Behzad, Shah Mouzaffar et leurs élèves.

Ensuite, le centre de production des maîtres de Hérat se trouva transporté par delà l'Oxus, à Boukhara, à Samar-

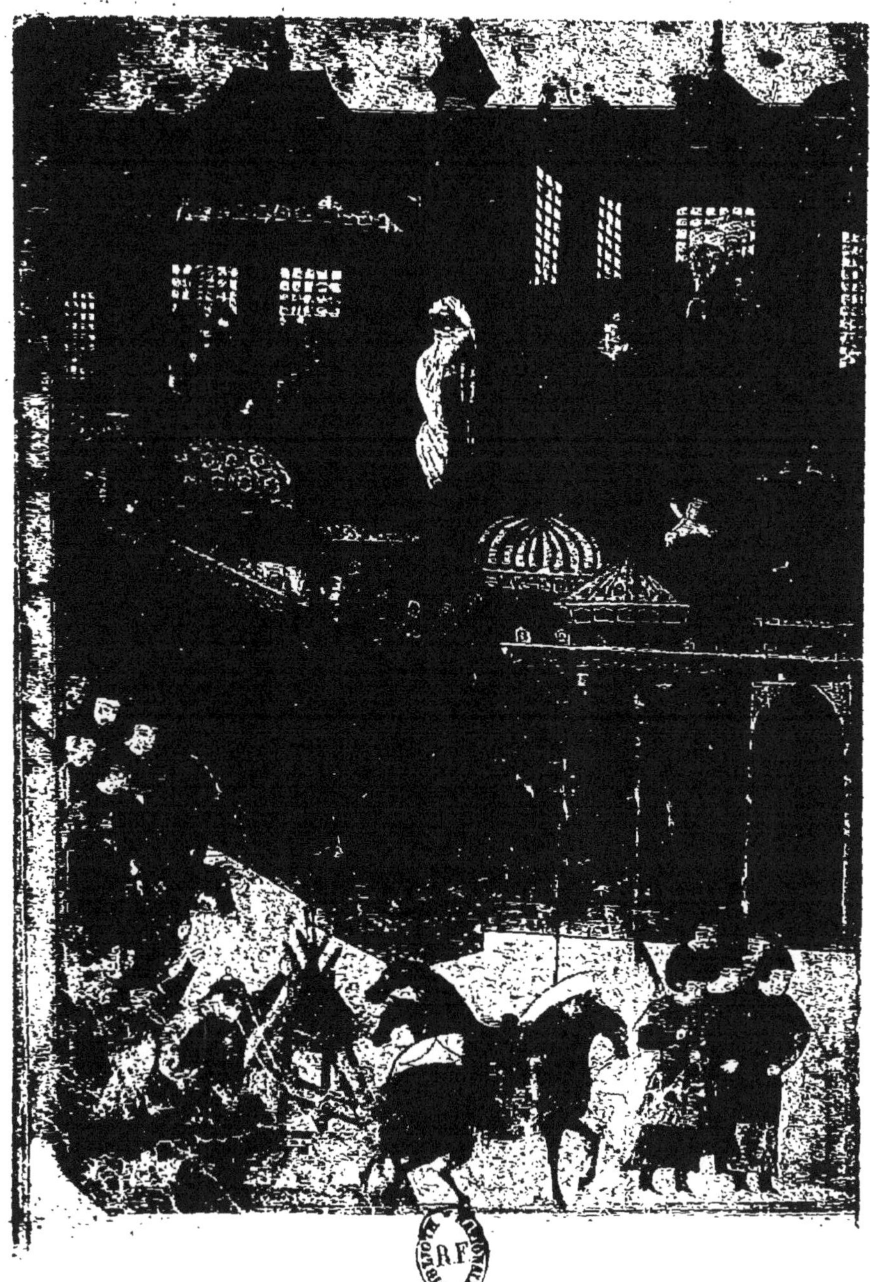

RASHID AD-DIN. — Histoire des Mongols.
Le Siège de Baghdad. Tauris 1315 (N° 15)

Phototypie Daniel Jacom

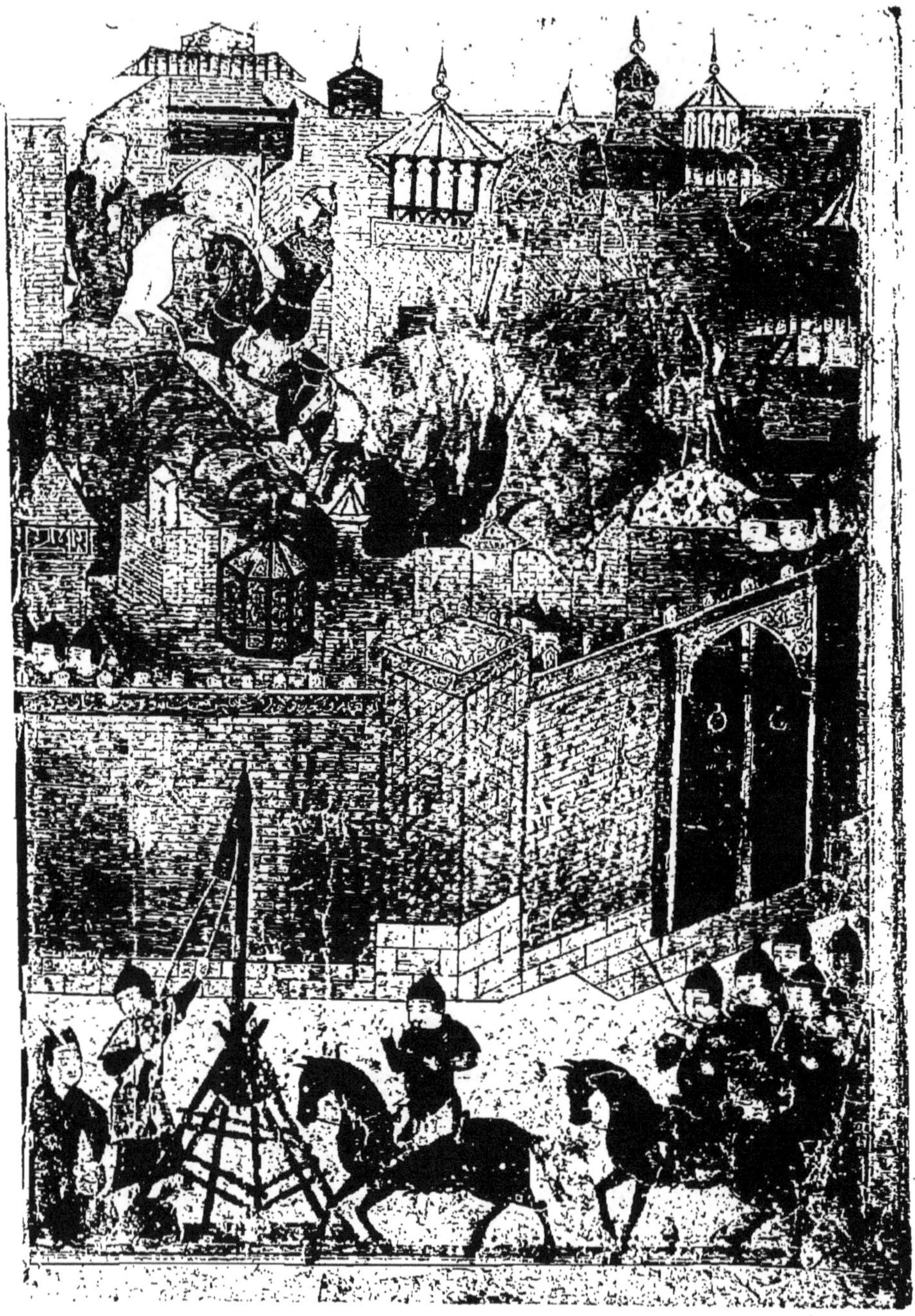

Rashid ad-Din. — Histoire des Mongols.
Le Siège de Baghdad. Tauris 1315 (N° 15)

kand, à Tashkent, lorsque, au cours de leurs raids chez les souverains timourides, les descendants de Shaïban, qui régnaient sur la Transoxiane, enlevèrent les artistes de Hérat, afin de les faire travailler pour leur compte. Cette partie de l'école de Behzad transplantée sous le ciel inclément de l'Asie centrale, disparaît peu après le milieu du XVIe siècle.

Les autres représentants de l'école de Hérat eurent plus de chance à la cour de Perse. Les rois safavis, installés à Tauris en qualité de successeurs des Timourides (1502), accueillirent favorablement Behzad et ses élèves, quand ceux-ci durent quitter leur patrie pour échapper à la tyrannie des envahisseurs. Pendant la première moitié du XVIe siècle, ces maîtres incomparables éclipsèrent les artistes issus des ateliers mongols. Mais leur influence cessa de se faire sentir dès la deuxième moitié du siècle, en même temps que celle de leurs émules qui avaient directement puisé à la tradition behzadienne. Ils laissèrent la place libre aux formules des ateliers du nord-ouest, mais ils ne disparurent pas complètement et l'on retrouve leur souvenir dans les délicates peintures exécutées au XVIIe siècle pour les grands seigneurs de la cour du « Sophy ».

Behzad avait mis à la mode une souplesse de formes et une harmonie de couleurs, qui étaient déjà les caractéristiques des tableaux peints en Perse à la fin du XIVe siècle. Ses disciples et leurs successeurs outrèrent la note et leur grâce maniérée annonce la décadence. Le déclin s'accentue dans la deuxième moitié du XVIIe siècle : alors, les artistes persans, dont la veine est épuisée, imitent les œuvres exécutées dans les ateliers indo-persans du nord-ouest de l'Inde.

Les productions des écoles radjpoutes qui fleurissaient dans ces provinces soumises progressivement au pouvoir de tous les princes musulmans, ne sont pas connues avant l'extrême fin du XVIe siècle. Dans cette région, au climat désastreux pour les livres, la technique des miniatures (XVIIe et XVIIIe siècles) se rattache à celle des fresques qui décorent, aux premiers siècles de l'ère chrétienne, les grottes d'Adjanta.

Les peintures radjpoutes sont bien supérieures à celles de la Perse pour le dessin, pour la couleur, pour le naturel et la vie des personnages. Alors que l'art iranien aboutit à des formes toutes conventionnelles et finit par devenir une technique industrielle, dont la qualité varie selon le degré d'application du praticien, les artistes hindous échappent à ce danger en travaillant avec moins de hâte, en évitant de décorer leurs manuscrits de trop nombreux tableaux, et en ne peignant que des pièces isolées dont ils soignent le détail à loisir. Leurs gracieuses peintures, d'une inspiration délicate et d'une forme élégante, représentent des scènes religieuses dont Rama, un des avatars de Vishnou, est le héros et où les scènes de batailles n'apparaissent qu'exceptionnellement. Ils ne sont pas seulement des enlumineurs de manuscrits comme l'ont été les Persans : ils peignent de grandes compositions, d'une tout autre ampleur que les illustrations du *Livre des Rois* ou du *Roman d'Alexandre*.

MANUSCRITS

1. **Al-Haris et Abou Zaïd devisant.** — *Les Séances de Hariri.* — Arabe 3929, fol. 122 recto.

Les *Séances* sont un recueil de nouvelles littéraires écrites dans un style incompréhensible par un grammairien de la fin du XIe siècle; ce manuscrit a été enluminé dans le Nord de la Mésopotamie ; les peintures, comme toutes celles des livres arabes, ont été fortement endommagées ; elles sont dans le style de l'ornementation des poteries de Rhagês.

2. **Un bateau sur l'Euphrate.** — *Les Séances de Hariri.* — Arabe 6094, fol. 68 recto.

Ce manuscrit a été copié et enluminé dans le Nord de la Syrie, ou en Mésopotamie, en l'année 1222; la date à laquelle il a été exécuté est inscrite sur la coque du bateau ; les tableaux de cet exemplaire des *Séances* ont été très abîmés ; leur technique a inspiré l'illustration des manuscrits postérieurs, en particulier celles des peintures exposées sous le n° 5. (Arabe 5.847.)

3. **Le Crabe et le Héron.** — *Kalila et Dimna.* — Arabe 3465, fol. 57 recto.

Version arabe, par Ibn al-Mokaffa, des fables de Bidpaï,. cf. n° 13. Le présent exemplaire a été enluminé vers 1220 en Syrie ou dans la Mésopotamie septentrionale.

4. **Le Fauconnier et le Faucon.** — *Kalila et Dimna.* — Arabe 3467, fol. 61 recto.

Cet exemplaire a été exécuté vers 1230, en Mésopotamie. Le fauconnier, serviteur d'une dame de Balkh, femme du gouverneur de la province, est aveuglé par son faucon ; ce personnage s'était permis de présenter ses hommages à la dame qui l'avait repoussé ; le mari frappe le faucon pour lui faire lâcher prise.

5. **Un prédicateur dans la mosquée ; le peloton des étendards de la garde du khalife.** — *Les Séances de Hariri.* — Arabe 5847, fol. 18 verso et 19 recto.

Ce manuscrit a été copié et enluminé à Baghdad en 1237, vraisemblablement pour le khalife abbasside, dont le portrait, ainsi que celui du général de la garde, ornent le frontispice du volume ; la première peinture représente un prédicateur, vêtu d'une robe noire, ce qui était la couleur nationale du Khalifat, s'adressant à une dame dans la mosquée ; les tableaux qui illustrent ce manuscrit sont conçus dans un style beaucoup plus personnel que ceux du manuscrit 6094. (n° 2.)

6. **La famille du prophète Mohammad.** — *Traité sur la chronologie et le comput des anciennes nations, par Albirouni.* — Arabe 1489, fol. 86 recto.

Les peintures de ce manuscrit ont été copiées au Caire, au commencement du XVIIe siècle sur celles d'un livre persan exécuté à Tauris vers 1320.

7. **Tapis.** — *Koran.* — Arabe 6716.

Manuscrit copié et enluminé à Baghdad par le célèbre calligraphe Yakout al-Mostaasimi en 1288-1289. Les enluminures de cet exemplaire du Koran ont servi de modèles pour les décorations persanes du XIIIe et du XIVe siècles.

8. **Koran.** — Arabe 389, fol. 48 verso-49 recto.

Ce manuscrit a été copié à Grenade, en Espagne, vers 1280, comme certains manuscrits latins des Évangiles, sur des feuillets de parchemin pourpre, avec de l'encre d'argent.

9. **Souscription d'un Koran.** — Arabe 385, fol. 130 verso-131 recto.

Ce manuscrit a été copié à Grenade, en Espagne, pour le sultan Mohammad III, au cours des années 1303 et 1304, dans une manière qui a conservé l'archaïsme du style oriental du IXe siècle.

10. **Rosace.** — *Le poème du Manteau, par Bousiri.* — Arabe 6714, fol. 2 recto.

Le poème du Manteau de Mahomet est une pièce écrite à la louange du Prophète ; ce manuscrit a été copié vers 1465, au Caire, pour le sultan d'Égypte al-Malik al-Zahir ; la rosace du fol. 1 a été peinte en 1877, dans un style qui imite celui de la rosace du fol. 2, pour le prince égyptien Ibrahim Hilmi Pacha.

11 **Tapis.** — *Les étoiles scintillantes sur l'histoire des rois du Caire, par Ibn Taghribirdi.* — Arabe 1776, fol. 1 recto.

Ce manuscrit a été copié vers 1470, pour un général égyptien, et enluminé en or et en bleu dans le style des écoles de Shiraz ; le tapis contient dans une belle écriture le titre de l'ouvrage qui est, malgré son titre, une chronique de l'Égypte musulmane.

12. **Le Koran de la Mosquée al-Azhar.** — Arabe 437.

Ce Koran, qui est un chef-d'œuvre de calligraphie arabe, a été copié au milieu du XVe siècle, au Caire ; il a été rapporté en France par Marcel, qui fut directeur de l'Imprimerie de la République au Caire, puis de l'Imprimerie Nationale à Paris.

13. **Le roi de Perse Khosrau Anoushirwan.** — *Fables de Bidpaï.* — Supplément persan 1965, fol. 2 verso

Cette petite peinture représente Anoushirwan recevant des mains du médecin Barzouya la traduction des fables de Bidpaï, que celui-ci vient d'exécuter sur le texte sanscrit ; la version persane de la traduction arabe des fables de Bidpaï a été exécutée à Ghazna, par Nasr Allah Aboul-Maali, vers 1150, sur la traduction arabe d'Ibn al-Mokaffa (cf. ci-dessus n° 3). Ce manuscrit a été enluminé à Ghazna, à cette même date, pour être offert à un officier du sultan ghaznawide ; il contient les plus anciennes peintures persanes que l'on connaisse, qui ont été copiées sur un exemplaire de la version arabe.

14. **Deux génies de l'eschatologie musulmane.** — *Traité d'astrologie, par Abou Maashar al-Balkhi.* — Arabe 2583, fol. 2 verso et 3 recto.

Ce manuscrit a été enluminé vers 1240 par un artiste persan, nommé Kanbar Ali al-Shirazi. Le personnage de droite est une copie d'une image chinoise ou d'une porcelaine représentant le philosophe Lao-Tzeu partant sur son lion pour les contrées de l'Occident; celui de gauche copie un rakshasa de l'iconographie bouddhique du Turkestan chinois.

15. **Le siège de Baghdad par les Mongols.** — *Histoire des Mongols par Rashid ad-Din.* — Supplément persan 1113, fol. 180 verso-181 recto.

Ce manuscrit a été exécuté à Tauris, vers 1315, dans l'atelier que Rashid avait fondé dans cette ville pour y publier ses œuvres ; la technique de ses tableaux est directement inspirée de la manière des peintures mésopotamiennes du XIIIe siècle ; le tableau représente le dernier épisode du siège de Baghdad ; al-Mostasim-billah sort de son palais et passe sur le pont du Tigre pour aller se rendre au prince Houlagou ; un Musulman qui a possédé ce livre a effacé les traits du khalife abandonnant sa capitale pour marcher à la mort.

16 **Un prince mongol de Perse dans le jardin de son palais.** — *Fables de Bidpaï.* — Ancien fonds persan 377, fol. 1 verso-2 recto.

Ce manuscrit a été enluminé à Tauris, vers 1340.

17. **Le Soleil.** — *Traité sur les merveilles de la création.* — Supplément persan 332, fol. 21 verso.

Ce manuscrit a été copié à Baghdad ou à Tauris, en 1388, pour le sultan ilkhanien Ahmad, fils d'Owaïs ; le Soleil est figuré sous l'aspect d'un ange couronné qui tient un nimbe, lequel représente le disque du soleil ; les deux chevaux affrontés sont le reste des quatre coursiers du char du Soleil dans l'iconographie grecque et romaine. La technique de ces peintures se rattache à celle des tableaux du commencement du XIVe siècle qui décorent l'histoire des Mongols de Rashid ad-Din (n° 15).

18. **Le roi de Perse Lohrasp.** — *Le Livre des Rois, par Firdausi.* — Supplément persan 1280, fol. 258 verso.

Ce manuscrit a été enluminé à Shiraz ou à Isfahan, vers 1430, sous le règne de Shah Rokh ; le tapis qui encadre cette composition est enluminé en or et en bleu dans la technique du Sud-Ouest de la Perse ; la manière de ses illustrations dérive de celle des tableaux de l'histoire des Mongols (n° 15.).

19. **Mahomet arrivant au cinquième ciel.** — *Apocalypse de Mahomet.* — Supplément turc 190, fol. 26 recto.

Cet ouvrage raconte dans un style naïf les merveilles de l'ascension au ciel du Prophète, et sa descente dans les abîmes du monde infernal ; il forme une *Divina Commedia* d'un style inférieur et sans poésie ; le manuscrit est en turk-oriental, écrit en caractères mongols ; il a été enluminé à Hérat, en 1436.

20 **Les constellations du Chasseur de serpents et du Serpent.** — *Catalogue des étoiles fixes, par Abd ar-Rahman al-Soufi.* — Arabe 5036, fol. 82 recto.

Ce manuscrit a été enluminé à Samarkand, à une date un peu antérieure à 1437, pour le prince timouride Oulough Beg, petit-fils de Tamerlan, souverain de la Transoxiane ; les peintures qui le décorent ont été copiées par un artiste musulman sur des tableaux chinois du XIIe siècle ; les princes timourides, depuis Tamerlan, restèrent en relations constantes avec la Cour chinoise ; beaucoup d'œuvres persanes, transportées à cette époque dans le Céleste Empire, modifièrent la technique des peintres de Pékin.

21. **Sultan Hosaïn Mirza dans le parc du palais de Hérat.** — *Poésies de Sultan Hosaïn Mirza.* — Supplément turc 993, fol. 2 verso-3 recto.

Ce recueil de poésies écrites en turk-oriental forme l'exemplaire personnel de Sultan Hosaïn, dans la bibliothèque duquel il tenait la place d'honneur ; il a été copié à Hérat, en 1485, par le plus habile calligraphe de son époque, Sultan Ali al-Mashhadi ; la bordure enluminée en bleu et en or qui encadre le tableau, est peinte dans la manière de Shiraz.

22. **Une chasse au lion, par Behzad ; un lion pris au lasso.** — *Album persan.* — Arabe 6074, fol. 20 verso-21 recto.

Ce recueil de dessins et de peintures a été formé en Perse ; il contient des exercices calligraphiques et des pièces exécutées aux XVe-XVIe siècles : la première est authentiquement signée par le célèbre Behzad, qui vécut à la cour de Sultan Hosaïn Mirza, puis à celle de Shah Ismaïl Ier, roi de Perse ; elle a été exécutée vers 1480 ; celle qui lui fait face date de la fin du XVIe siècle.

23. **Le prince de Hérat dans le jardin de sa résidence.** — *Le présent fait à al-Ahrar, par Djami.* — Supplément persan 1416, fol. 81 verso-82 recto.

Ce manuscrit a été copié à Hérat, par le célèbre calligraphe Sultan Ali al-Mashhadi, en 1499 et 1500 ; il a été enluminé et historié comme les nos 26 et 28, par un peintre nommé Mahmoud. Ce livre a fait partie de la bibliothèque des empereurs de l'Hindoustan, et il porte l'ex-libris de Shah Djihan, daté de 1628 ; ses illustrations sont très inférieures à son écriture et à ses ornements.

24. **Une princesse dans le parc de son palais.** — *Ghazals de Shahi* — Supplément persan 1962, fol. 30 recto.

Ce manuscrit a été copié par un calligraphe célèbre, Sultan Mohammad Khandan, à la fin du XVe siècle, à Hérat.

25. **Deux guerriers mongols.** — *Album persan.* — Collection Smith-Lesouëf 247. Bibliothèque Nationale.

Le premier portrait représente un guerrier nommé Tchini Bahadour, le second, un autre soldat, nommé Balatou Khan ; d'après les notes qui les accompagnent, ces soldats ont servi aux Indes. L'exécution de ces deux pièces, qui est persane, est du commencement du XVIe siècle.

26. **Un prince persan et sa favorite.** — *Ghazals de Shahi.* — Supplément persan 1960, fol. 15 recto.

Ce manuscrit a été copié par le célèbre calligraphe Sultan Ali al-Mashhadi, au cours de l'année 1514 ; les peintures qui le décorent sont l'œuvre d'un artiste célèbre nommé Mahmoud (voir nos 23 et 28).

27. **La chasse du roi de Perse Bahram Gour.** — *Roman des amours de Bahram Gour avec les princesses des sept climats.* — Supplément turc 316, fol. 350 recto.

Ce manuscrit a été copié à Hérat, par Ali Hidjrani, et terminé en 1527. Bahram Gour est représenté chassant l'onagre, tandis que sa favorite, Azada, joue de la lyre ; l'exécution de cette peinture représente, comme celle du no suivant, au commencement du XVIe siècle, l'apogée de la technique persane, transportée dans les provinces

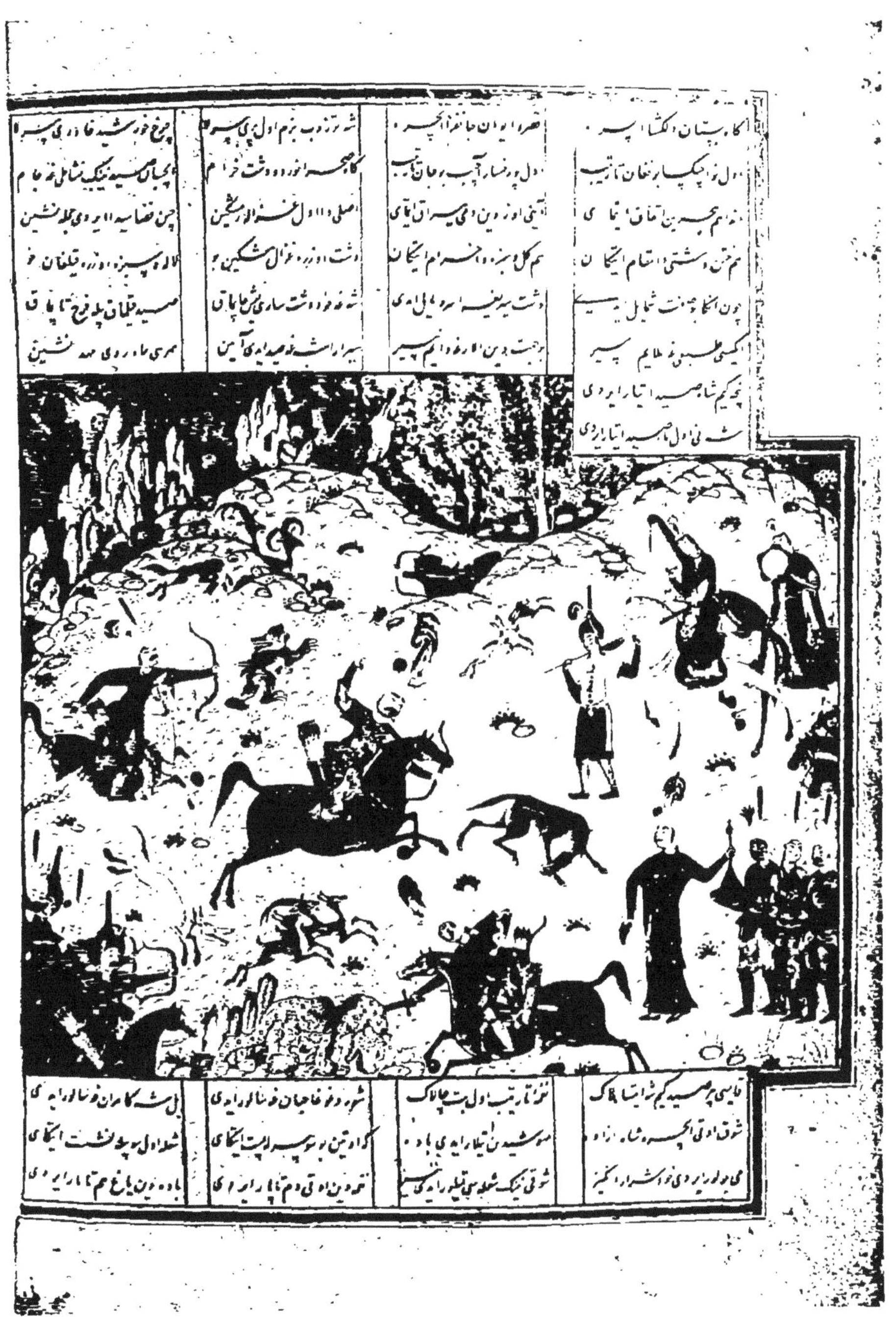

NAWAÏ. — Les sept planètes. La chasse de Bahram Gour. Hérat 1527 (N° 27).

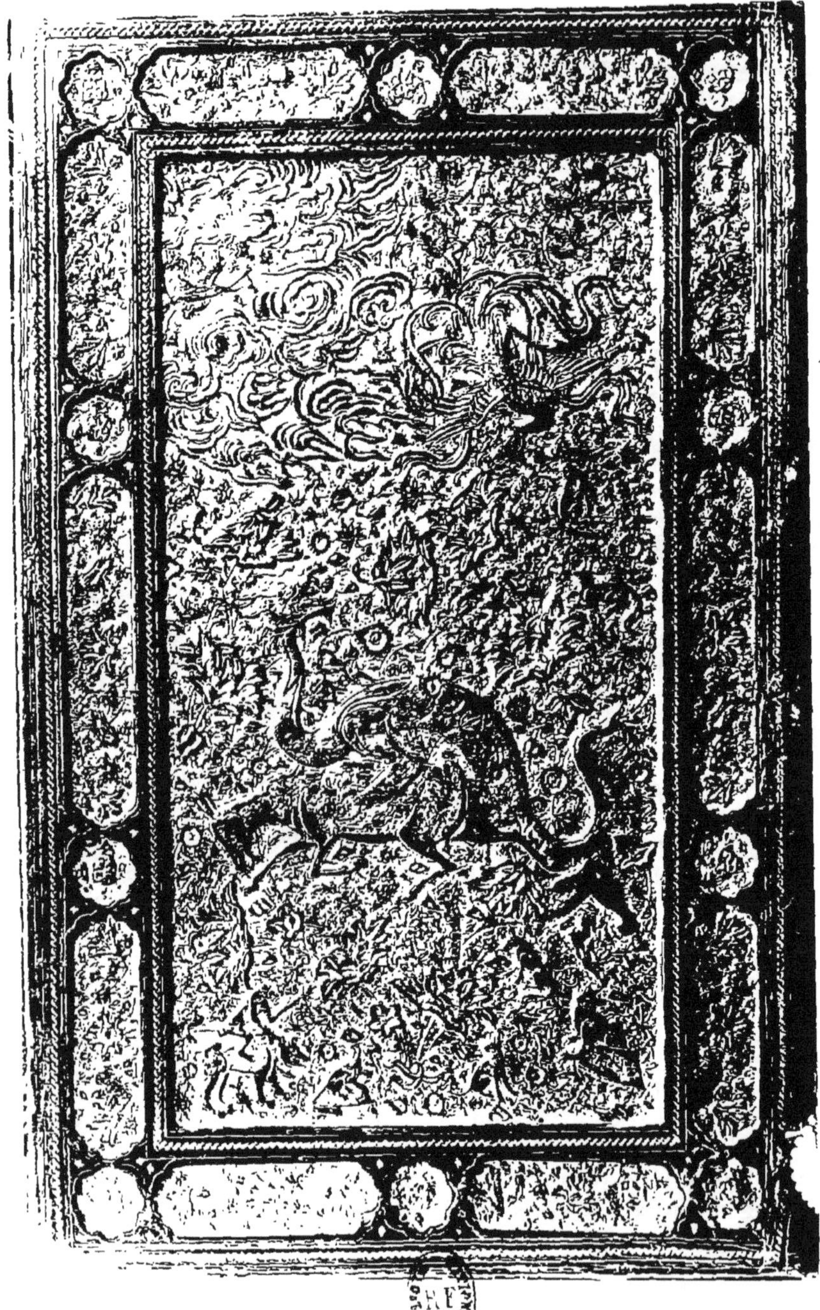

Reliure du Trésor des Secrets de Nizami. Boukhara 1538 (N° 28).

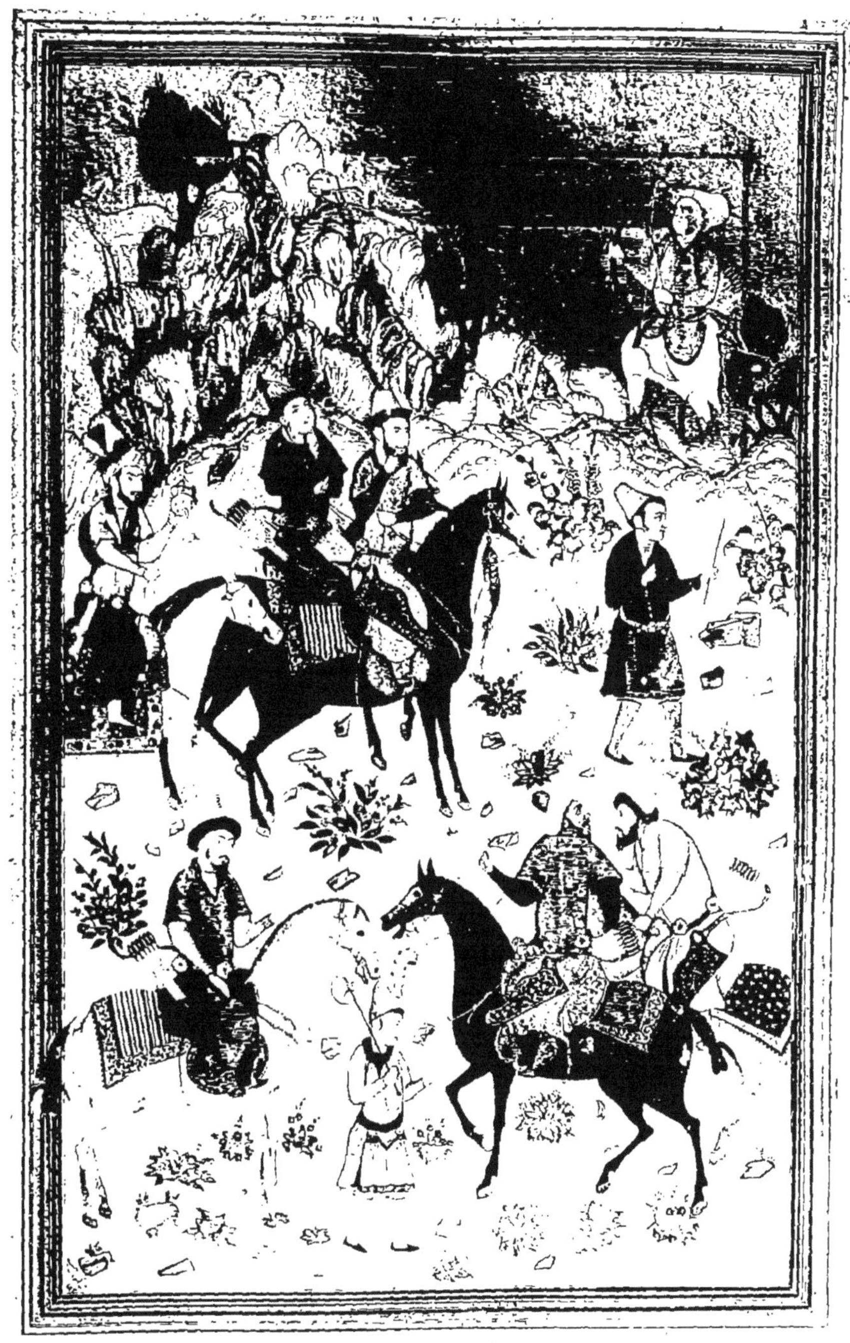

NIZAMI. — Trésor des Secrets.
Le sultan Sindjar rendant justice à une vieille femme. Boukhara 1538 (N° 28).

Phototypie Daniel Jaco

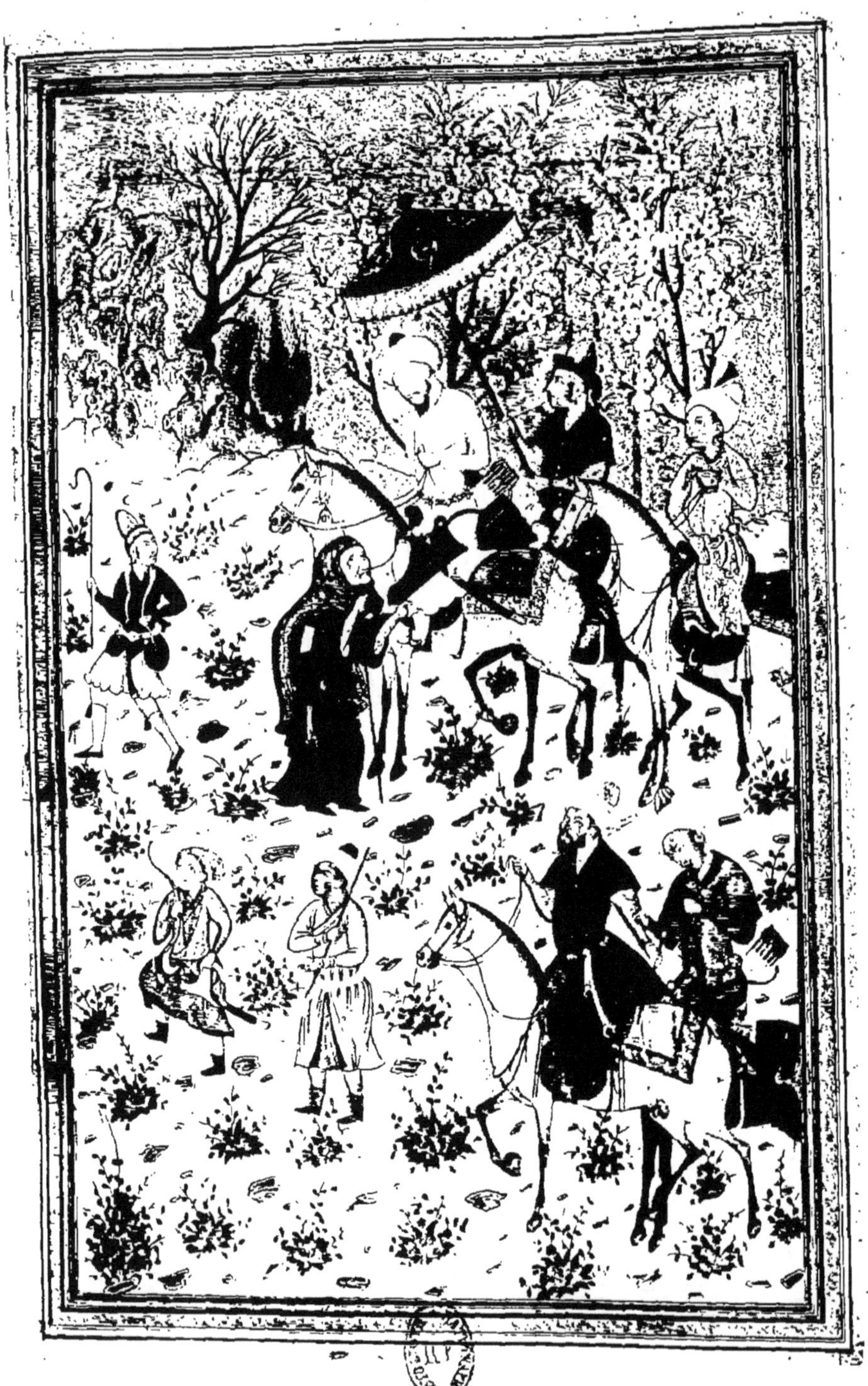

NIZAMI. — Tresor des Secrets.

Le sultan Sindjar rendant justice à une vieille femme. Boukhara 1538 (N° 28)

orientales de l'Iran, puis au delà de l'Oxus, par les artistes de Tauris et de Shiraz.

28. Le sultan Sindjar écoute la requête d'une vieille femme. — *Trésor des Secrets, de Nizami.* — Supplément persan 985, fol. 40 verso-41 recto.

Ce manuscrit a été copié à Boukhara, par le célèbre calligraphe Mir Ali al-Mashhadi en 1537-1538, et enluminé par deux artistes nommés, l'un Mahmoud (cf. n° 23 et 26), l'autre Mohammed ; il a été exécuté pour le sultan des Uzbegs, Abd al-Aziz ; le tableau exposé est daté de 1545 ; Mir Ali al-Mashhadi fut le disciple de Sultan Ali, qui fut le calligraphe particulier de Sultan Hosaïn, souverain du Khorasan.

29. Deux lutteurs, le maître et l'élève, aux prises devant le roi. — *Le Parterre de Roses, de Sadi.* — Supplément persan 1958, fol. 20 verso.

Ce manuscrit a été copié à Boukhara, par Mir Ali al-Mashhadi, en 1543, pour le sultan des Uzbegs, Abd al-Aziz ; il a fait partie de la bibliothèque des empereurs de l'Hindoustan, et il porte les ex-libris de Djihanguir et de Shah Djihan ; la peinture est datée de 1553.

30. Le shaïkh de Sanaan. — *Dialogues des Oiseaux, par Attar.* — Supplément turc 996, fol. 2 recto.

Ce manuscrit a été copié et enluminé à Boukhara, en 1553, pour le sultan des Uzbegs, Mohammad Yar ; le shaïkh de Sanaan, en Arabie, était un mystique confit en dévotion, qui, arrivé à la vieillesse, tomba amoureux, sur la foi d'un songe, d'une dame chrétienne, laquelle habitait Antioche ; malgré son âge et le ridicule de son action, il vint mendier ses faveurs dans la capitale de la Syrie, et subit de cruelles avanies ; il est représenté au moment où il aperçoit l'objet de sa flamme, et tombe anéanti.

31. Malik Salih, sultan de Syrie († 1249). — *Le Verger fleuri, de Sadi.* — Supplément persan 1187, fol. 90 recto.

Ce manuscrit a été copié à Boukhara, par Mir Hosaïn al-Hosaïni, en 1555-1556, pour le sultan des Uzbegs, Naurouz Ahmad ; le sultan s'entretient avec deux derviches qu'il avait rencontrés à la mosquée.

32. **Le prince du Fars et Sadi.** — *Anthologie du Verger fleuri de Sadi.* — Ancien fonds persan 257, fol. 1 verso-2 recto.

Ce manuscrit a été copié vers 1555, à Boukhara, par le calligraphe Mir Hosaïn al-Hosaïni ; il est orné d'un tapis enluminé et d'un tableau qui représente l'atabek du Fars, Abou Bakr ibn Sad, conversant familièrement dans un jardin avec son client Sadi ; l'atabek est entouré de gens de sa suite ; deux derviches, amis de Sadi, se tiennent modestement dans un coin, suivant la discipline de leur ordre.

33. **Alexandre, roi de Perse, et Aristote son maître.** — *Aphorismes sur l'hygiène, attribués à Aristote, en vers persans.* — Supplément persan 1967, fol. 1 verso-2 recto.

Ce manuscrit a été copié, en 1542, à Kazwin, par le calligraphe Shah Mahmoud al-Nishapouri, sur des feuilles de papier, dont les marges sont ornées de dessins qui représentent des animaux ; plusieurs d'entre eux sont imités de la faune mystérieuse des bestiaires chinois.

34. **Homme tuant un lion.** — *Les Manières d'être des amants, par Badr ad-Din Hilali* — Supplément persan 1428, fol. 20 recto.

Ce manuscrit a été copié et enluminé dans les provinces occidentales de l'Iran, en 1543, sous le règne de Shah Tahmasp. Les peintures qui le décorent sont un bon spécimen de la technique des écoles safawies au milieu du XVIe siècle. Celle qui est exposée représente un homme tuant un lion qui l'avait attaqué, tandis que ses amis, qui avaient juré de sacrifier leur vie pour sauver la sienne, s'empressent de prendre la fuite.

35. **Le roi de Perse entouré de ses favoris.** — *Livre des Rois, de Firdausi.* — Supplément persan 489, fol. 2 verso-3 recto.

Ce manuscrit a été enluminé sous le règne de Shah Tahmasp, et achevé en 1546. Il a fait partie de la bibliothèque des rois de Perse, à Ispahan.

36. **Moïse évoque le dragon pour lui faire dévorer le Pharaon.** — *Histoire des Prophètes, par Ishak ibn Ibrahim ibn Mansour al-Nishapouri.* — Supplément persan 1313, fol. 79 verso.

Ce manuscrit qui a appartenu à Akbar, empereur de l'Hindoustan, est décoré de peintures qui sont l'œuvre d'Agha Riza (vers 1550) ; ces illustrations ont été copiées sur celles d'un manuscrit de l'histoire des Prophètes qui fut enluminé selon la technique des écoles de Tauris, au commencement du XIVe siècle. Le dragon est copié sur un dessin chinois.

37. **Un prince persan entendant au lit un discours sur la morale.** — *Album persan.* — Ancien fonds persan 129, fol. 1 verso.

Cet album a été constitué dans les provinces occidentales de la Perse, vers la fin du XVIe siècle ; il contient des pièces signées par les meilleurs calligraphes de l'Iran, Sultan Ali al-Mashhadi, Mahmoud ibn Ishak, et des peintures ; ce tableau lui sert de frontispice ; sa technique et ses encadrements sont caractéristiques des procédés des ateliers d'Isfahan, vers 1560

38. **Un prince persan festoyant.** — *Album persan.* — Ancien fonds persan 129, fol. 2 recto.

Cette peinture, exécutée vers 1560, est de la même facture que la précédente.

39. **Joseph devant Zoulaïkha.** — *Les Séances des Amants, par Kazirgahi.* — Supplément persan 1559, fol. 16 verso.

Zoulaïkha, femme du souverain de l'Égypte, regarde Joseph de la fenêtre de son palais et tombe amoureuse de lui ; ce manuscrit a été copié par le calligraphe Abd al-Hafiz, et enluminé par Djalal ad-Din Baghnawi et quelques autres artistes, vers 1560. Les décorations portent la marque des ateliers safawis de l'Iran occidental, et la manière dont sont traités les visages de Joseph et de Zoulaïkha révèle l'influence de l'art hindou des écoles du Radjasthana.

40. **La reine de Saba, Balkis, entourée de génies et d'anges.** — *Les cinq poèmes de Nizami.* — Supplément persan 1956, fol. 1 verso.

Ce manuscrit a été copié pour un général des armées du roi de Perse, par Khaïr Allah ibn Hosaïn Goulabi Shoushtari, qui termina son œuvre le 10 mars 1561. La facture des décorations de ce manuscrit est caractéristique de la manière des écoles safawies de l'Iran occidental sous le règne de Shah Tahmasp.

41. **Sultan Hosaïn Mirza et Ali Shir Nawaï.** — *Poésies de Mir Ali Shir Nawaï.* — Supplément turc 762, fol. 207 recto.

Ce manuscrit a été copié dans les provinces occidentales de l'Iran, par le calligraphe Hidayat Allah de Shiraz, et terminé en 1564, vers la fin du règne de Shah Tahmasp, pour un des généraux turks qui commandaient les armées du roi de Perse. Les procédés des écoles de l'Occident de la Perse, dans la seconde moitié du XVIe siècle, sont très visibles dans la décoration de ce manuscrit.

Mir Ali Shir, qui fut le ministre de Sultan Hosaïn Mirza, prince de Hérat, a laissé de nombreux ouvrages écrits en prose et en vers.

42 **Alexandre-le-Grand luttant contre un démon.** — *Les Séances des Amants, par Kazirgahi.* — Supplément persan 776, fol. 243 verso,

Ce manuscrit a été enluminé dans un atelier de la Perse occidentale. vers 1570. Le démon rappelle ceux qui décorent les couvents bouddhiques de l'Asie Centrale; les cavaliers qui accompagnent Alexandre sont équipés comme au temps des Timourides

43 **Malik Shah devant un campement de nomades.** — *Les Séances des Amants, par Kazirgahi.* — Supplément persan 1150, fol. 198 verso

Le sultan saldjoukide Malik Shah arrive avec son escorte de cavaliers, au cours d'une partie de chasse, devant un campement de nomades, près d'Isfahan, sa capitale ; ce manuscrit est daté du dimanche 7 janvier 1581 ; les tapis et les peintures qui le décorent sont caractéristiques des procédés des écoles safawies de la Perse occidentale.

44. **Un archer turkoman et une dame chinoise.** — *Album persan.* — Supplément persan 1171, fol. 26 verso-27 recto.

Cet album a été constitué à Isfahan, à la fin du XVIe siècle, dans les premières années du règne de Shah Abbas ; il renferme des pièces signées par les meilleurs calligraphes persans de l'époque, des dessins et des peintures

45, **Salomon et la reine de Saba.** — *Le Livre des Rois de Firdausi.* — Supplément persan 490, fol. 1 verso-2 recto.

Salomon et Balkis sont, suivant la légende, entourés de démons et d'anges ; ce manuscrit a été copié par le calligraphe Mohammad Djan al-Kirmani, et terminé en avril 1604, vraisemblablement à Isfahan, dans la manière safawie de la Perse sud-occidentale. Le ministre Asaf est accroupi devant le trône de Salomon et transcrit les paroles que prononce le roi-prophète.

46. **Farhad rencontre Shirin.** — *Les amours de Khosrau et de Shirin, par Nizami.* — Supplément persan 1980, fol. 53 verso.

Dans les solitudes du mont Bisoutoun, dont il vient de sculpter les rochers, Shirin, fille de l'empereur de Byzance, femme du roi de Perse, Khosrau Parwiz, rencontre Farhad, qui est amoureux de sa beauté. Ce manuscrit contient les cinq poèmes de Nizami ; il a été enluminé pour un général du roi de Perse, Shah Abbas Ier ; son exécution dura de 1605 à 1626, et n'a pas été complètement terminée. La reliure et les encadrements des pages ont été exécutés vers 1830. Les tableaux sont imités de ceux qui furent exécutés dans les ateliers de Hérat, vers 1490.

47. **Khosrau Parwiz rencontre Shirin.** — *Les amours de Khosrau et de Shirin, par Nizami.* — Supplément persan 1029, fol. 49 verso.

Le roi de Perse, Khosrau Parwiz, passe à cheval, près d'un ruisseau dans lequel vient de se baigner Shirin, fille de l'empereur grec, et tombe amoureux de ses charmes. Ce manuscrit contient les cinq poèmes de Nizami; il a été copié de 1620 à 1624, sous le règne de Shah Abbas Ier, et enluminé par Haïdar Kouli, qui travaillait selon la manière de Riza-i Abbassi, lequel imposa ses procédés aux ateliers de l'Iran.

48. **Le roi de Perse Shah Abbas Ier.** — *Poésies d'Anwari.* — Supplément persan 514, fol. 2 verso-3 recto.

Shah Abbas, assis sur son trône, dans un jardin, est entouré des dignitaires de sa cour ; ce manuscrit du recueil des poésies persanes composées par le célèbre Auhad ad-Din Anwari, favori du sultan saldjoukide Sindjar, a été terminé en 1626.

49. Tableaux persans. — *Album de peintures et de dessins.* — Supplément persan 1572.

Cet album a été formé en Perse, dans la seconde moitié du XVIIIe siècle, par un collectionneur qui voulait réunir certaines œuvres de Riza-i Abbassi et de ses élèves, de la fin du XVIe siècle et du commencement du XVIIe. On y trouve, de droite à gauche : 4) un personnage bossu ; 5) la femme d'un vizir ; 6) un échanson persan ; 7) un échanson vêtu d'une robe de brocart ; 8) l'esquisse d'un tableau, signé Mohammadi, représentant un prince qui reçoit les leçons de ses précepteurs, dans un paysage champêtre ; 9 et 10), deux échansons persans.

50. Une dame hindoue brûlée vive sur le bûcher de son époux. — *La brûlure et la liquéfaction, par Riza Nawi, de Khaboushan.* — Supplément persan 769, fol. 17 recto.

Manuscrit exécuté pour la bibliothèque du roi de Perse Shah Abbas II (1642-1667) et acheté par Otter à Isfahan. Ses peintures sont l'œuvre de Shafi-i Abbassi qui les copia, selon le style indo-persan, sur celles dont s'ornait un exemplaire de la même œuvre, exécuté vers la fin du XVIe siècle, dans l'empire du Grand Moghol. Le poème de Riza Nawi renferme le récit des amours de la dame hindoue, dont le sacrifice tragique eut lieu sous le règne d'Akbar, empereur de l'Hindoustan (1556-1605).

51. Roustam tue le Démon blanc. — *Livre des Rois de Firdausi.* — Collection Smith-Lesouëf 244. Bibliothèque Nationale.

La légende épique de l'Iran veut que le Démon blanc, qui commandait les armées du roi du Mazandaran, battit l'armée de Kaï-Kaous, roi de Perse, et le fit prisonnier avec ses preux, qu'il enferma dans une caverne ; le héros Roustam tua le Démon et délivra Kaï-Kaous. La technique de cette peinture est inusuelle ; elle se ressent à la fois d'une influence des procédés européens et de la manière des ateliers radjpoutes ; son exécution, comme celle des deux suivantes, se place vers le milieu du XVIIIe siècle.

52. Roustam livre bataille à Saad-i Wakkas. — *Livre des Rois de Firdausi.* — Collection Smith-Lesouëf 244. Bibliothèque Nationale.

L'armée persane, commandée par Roustam, général de Yazdakart, le dernier roi de la dynastie sassanide de la Perse, livre bataille aux bandes arabes que Saad-i Wakkas conduit à la conquête de l'Iran ; ce tableau est la réplique modernisée d'une peinture qui se trouve dans tous les *Livres des Rois* ; il est du même artiste que celui qui est décrit sous le n° précédent.

53. **Alexandre et le Prophète Khidr.** — *Roman d'Alexandre, par Nizami.* — Collection Smith-Lesouëf 244. Bibliothèque Nationale.

Alexandre, roi de Perse, et le prophète Khidr-Élias, sont assis aux bords de la source de l'éternelle vie, que l'envoyé divin reconnaît en plongeant dans ses ondes un poisson mort qui se ranime aussitôt ; cette peinture est du même artiste que les deux précédentes.

54. **Tapis.** — *Koran.* — Arabe 6041.

Ce manuscrit contient la septième partie du texte du Koran; il a été copié en 1111 à Boust (Saïstan). L'ornement hexagonal inscrit dans un cercle est la transposition des rinceaux de vigne qui décoraient les monuments grecs de Syrie au VIe siècle

55. **Tapis.** — *Koran.* — Arabe 6073.

Manuscrit enluminé à la fin du XIIe siècle dans l'Azarbaïdjan.

56. **Tapis.** — *Commentaire du Koran, par Tabari.* — Supplément persan 1610.

Le premier volume d'un exemplaire qui comptait sept tomes, copié dans l'Azarbaïdjan, entre 1210 et 1225, pour le ministre du prince de ce pays. Ce fut le prince samanide Mansour, fils de Nouh (961-976), qui fit exécuter, à Samarkand, la traduction en persan du Koran de Tabari († 922), ainsi que celle de l'histoire des nations du monde, du même auteur.

57. **Ornements géométriques.** — *Koran.* — Arabe 6088.

Ce Koran a été exécuté en Perse, au commencement du XIVe siècle ; il constitue une amulette écrite en caractères microscopiques, sur un rouleau de neuf mètres de long. La technique de ses enluminures rappelle celle du tapis qui décore les œuvres théologiques de Rashid ad-Din (n° 59). L'octogone formé d'entrelacs croisés dans un cercle constitue l'élément essentiel de l'ornementation des manuscrits égyptiens, du XIVe au XVIe siècle, sous le règne des Mamlouks.

58. **Tapis.** — *Livre des Rois de Firdausi.* — Supplément persan 1946

Ce manuscrit d'un format gigantesque et spécial à la manie de Rashid ad-Din a été copié et enluminé à Tauris, dans l'atelier de ce personnage pour le sultan Mahmoud Ghazan (✝ 1304), ou pour son frère Oltchaïtou (✝ 1316).

59. **Tapis.** — *Œuvres théologiques de Rashid ad-Din.* — Arabe 2324.

Ce manuscrit d'un format inusité contient le recueil des œuvres théologiques, en arabe, de Rashid ad-Din, auteur de l'histoire des Mongols ; il a été copié, en 1308-1310, dans son atelier d'édition, à Tauris, par le calligraphe Mohammad al-Amin al-Baghdadi. Les enluminures furent exécutées par le calligraphe, et par Mohammad ibn al-Afif al-Kashi, de Kashan (Perse). Les tapis sont imités des décorations des Korans exécutés à Baghdad vers 1280.

60. **Tapis.** — *Trésor des Secrets, par Nizami.* — Supplément persan 1454.

Ce manuscrit a été copié au commencement du XVe siècle à Hérat, par Mir Mohammad.

61. **Tapis.** — *Anthologie des ghazals de Katibi.* — Supplément persan 1776.

Manuscrit copié en 1475, à Hérat, par le calligraphe Sultan Ali al-Mashhadi, pour le prince timouride Badi az-Zaman Bahadour Khan. Après la conquête du Khorasan par le souverain des Usbeks de la Transoxiane, Badi al-Zaman emporta une grande partie de ses livres à Kazwin, dans les états de son beau-frère, le roi de Perse, puis à Constantinople, où il se fixa. Ce manuscrit provient de la capitale de l'empire turc ; il constitue un bel exemple de l'art précieux de Hérat, dans la seconde moitié du XVe siècle.

62. **Tapis.** — *Poésies de Hafiz.* — Supplément persan 593.

La copie de cet exemplaire des poésies de Hafiz a été exécutée à Shiraz, en 1484. Les manuscrits de Hafiz ne sont jamais enluminés que de tapis, et l'on n'y trouve point de tableaux, car le texte de

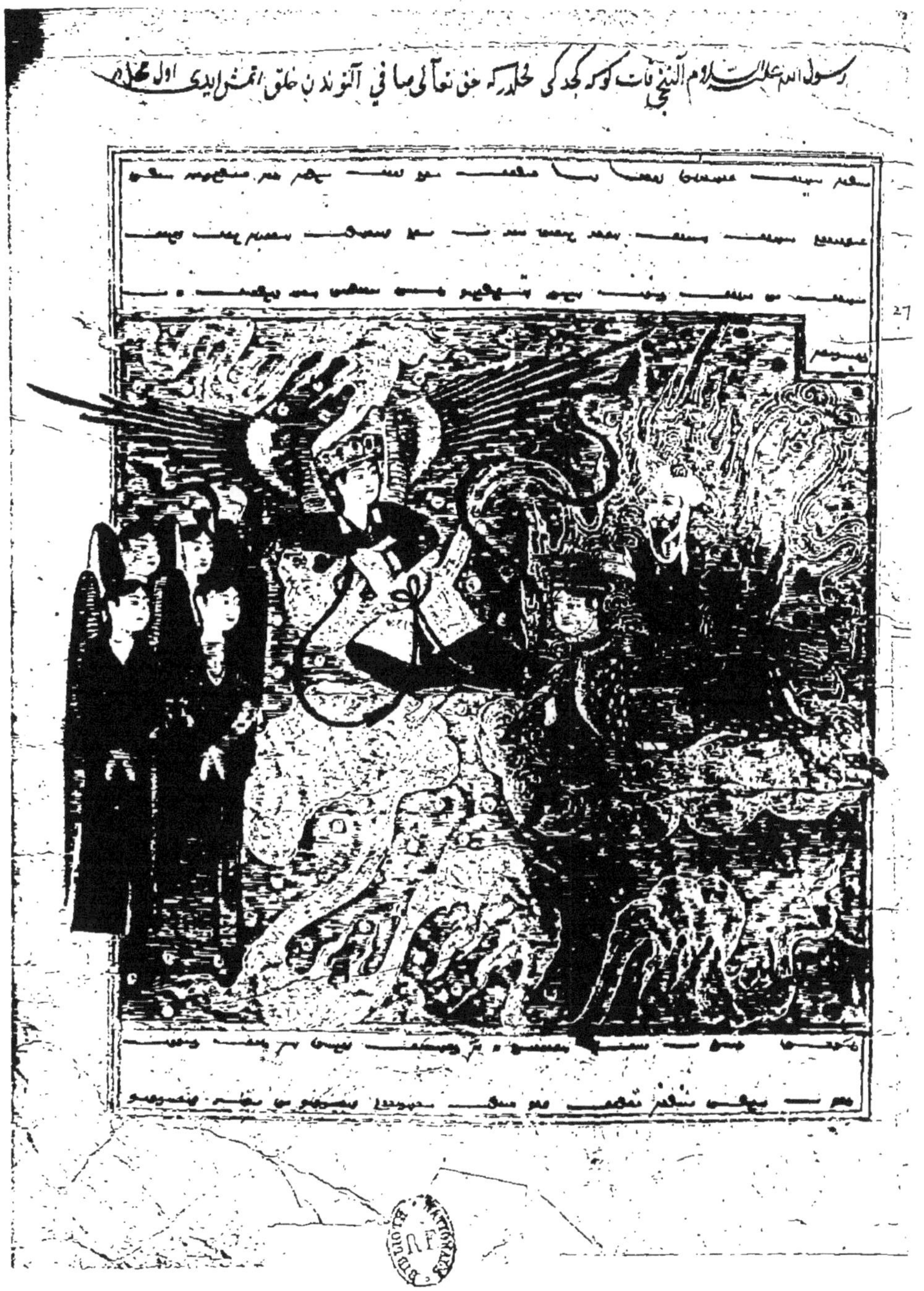

Apocalypse de Mahomet. Mahomet au cinquième ciel. Hérat 1436 (N° 19).

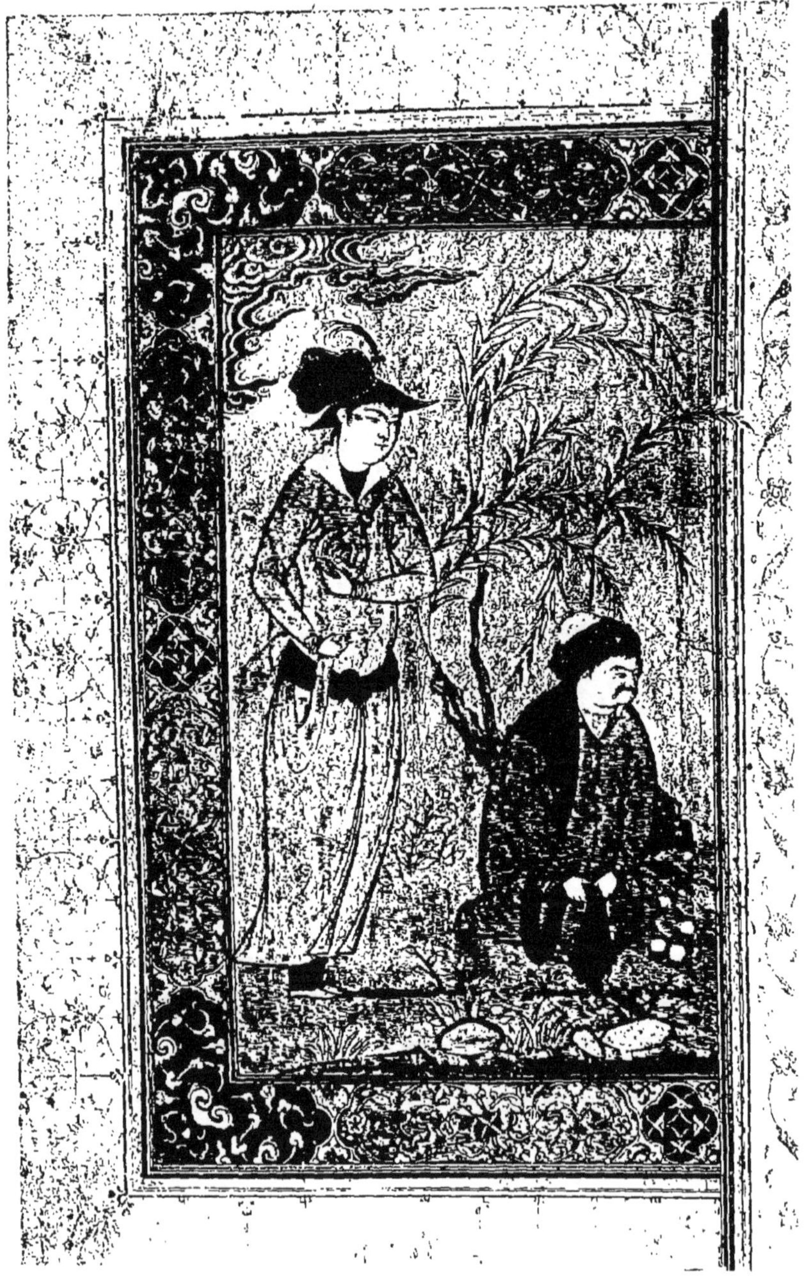

Aphorismes sur la Médecine.
Aristote et un serviteur. Kazwin 1542 (N° 33).

Hafiz est presque aussi vénéré que celui du *Masnavi* de Djalal ad-Din Roumi ou du Koran.

63. Tapis.— *Poésies de Mir Hasan Dehlewi.* — Supplément persan 1445.

Ce manuscrit a été copié en 1487 et 1488, à Hérat, par le calligraphe Sultan Ali al-Mashhadi, dans les domaines de Sultan Hosaïn Mirza, souverain timouride du Khorasan.

64. Tapis. — *Roman des amours de Mihir, fils du roi Shapour, et de Moushtari, fils du vizir, par Mohammad Assar Tabrizi.* — Supplément persan 766.

Ce manuscrit a été copié à Shiraz, par Mounim ad-Din ibn Ibrahim al-Auhadi, en 1490; ses enluminures sont caractéristiques des procédés des écoles du Sud-Ouest de la Perse.

65. Tapis. — *Les quarante traditions de Mahomet.* — Arabe 6067.

Les quarante traditions attribuées au Prophète sont traduites en vers, en turk-oriental, par Ali Shir ; le manuscrit a été exécuté à Hérat, par le calligraphe Sultan Ali al-Mashhadi, en 1495. Cette enluminure a été copiée sur un tapis de laine des écoles timourides du Khorasan de la seconde moitié du XVe siècle.

66. Tapis. — *Poésies de Mir Hasan Dehlewi.* — Supplément persan 731.

Ce manuscrit a été copié à Shiraz, par Naïm ad-Din Ahmad ibn Mounim ad-Din Mohammad al-Auhadi al-Hasani, en 1525 et 1526. Les tapis qui le décorent sont enluminés selon la manière des écoles du Sud-Ouest de la Perse.

67. Tapis. — *Ghazals de Mir Khosrau de Dehli.* — Supplément persan 636.

Manuscrit décoré, à sa première page, d'un tapis dans le style des écoles de Shiraz ou d'Isfahan, au début du XVIe siècle.

68. Tapis — *Œuvres de Sadi.* — Supplément persan 814.

Manuscrit copié au début du XVIe siècle, à Shiraz ou à Isfahan. Il fit partie de la bibliothèque des rois de Perse, et fut acheté à Constantinople, en 1810, par Outrey, qui accompagna, lors de son retour,

Askar Khan, ambassadeur du roi Fath Ali Shah, auprès de Napoléon Ier.

69. Tapis. — *Ghazals de Mir Khosrau de Dehli.* — Supplément persan 634.

Manuscrit copié à Boukhara en 1526 et 1527, par Mir Ali al-Mashhadi; les tapis dont il est orné sont enluminés selon la manière des écoles safawies du Sud-Ouest de la Perse, au milieu du XVIe siècle.

70. Tapis. — *Le Présent fait al-Ahrar, par Djami.* — Supplément persan 1369.

Ce manuscrit a été copié par Mohammad Kivam ad-Din al-Shirazi ; il contient deux des poèmes mystiques écrits par Djami : le *Présent offert à al-Ahrar* et le *Chapelet des gens pieux.* La technique des ornementations est celle des écoles safawies, vers le milieu du XVIe siècle.

71. Tapis. — *Masnavis de Mir Khosrau de Dehli.* — Supplément persan 627.

Ce manuscrit a fait partie de la bibliothèque du sultan de Golconde, Mohammad Kouli Kotbshah, qui, le 24 octobre 1614, écrivit, de sa main, au recto du premier feuillet, un quatrain de Khosrau de Dehli. Les enluminures ont été exécutées vers le milieu du XVIe siècle, dans le style des écoles du Sud-Ouest de la Perse.

72. Tapis. — *Koran.* — Arabe 418.

Ce manuscrit a été copié en Perse, à Tauris, ou à Kazwin, vers 1560, il est enluminé selon la manière des ateliers safawis de la seconde moitié du XVIe siècle ; il fut volé par les armées turques dans le Nord-Ouest de la Perse, puis donné, le 27 septembre 1594, par Sinan Pacha, grand vizir de l'empire osmanli, à l'église de Yanik, en Hongrie, qui, après la prise de cette ville, fut transformée en mosquée. Les ornements des feuillets 2 verso et 3 recto, encadrent un verset du Koran qui exalte la vertu du texte sacré.

78. Exercice de calligraphie, par Mir Imad al-Hasani. — Arabe 6715.

Cet exercice de calligraphie est formé de la copie des *Invocations* en vers arabes, attribuées à Ali, gendre du prophète Mahomet ;

Mir Imad al-Hasani, le plus grand calligraphe persan, vécut à la fin du XVIe siècle et au commencement du XVIIe ; ce manuscrit a été copié à Isfahan, en 1607 ; il fut acquis le 13 novembre 1695, par Aurengzeb, empereur des Indes.

74. Exercice de calligraphie, par Ali Riza-i Abbassi. — Supplément persan 1949, fol. 19.

Cet exercice, en beau nastalik oblique, a été exécuté vers 1650.

75. Exercice de calligraphie, par Abd al-Madjid Talikani. — Supplément persan 1957, fol. 29-30.

Ces pièces contiennent l'histoire de Galien et des énigmes en vers, écrits dans cette graphie persane qu'on appelle *shikasta*, ou brisée ; le *shikasta* est une variante de l'écriture arabe, avec beaucoup de ligatures et d'abréviations. Abd al-Madjid Talikani, autrement nommé Darwish, travaillait vers 1770 ; ces pièces ont été encartées dans des encadrements en or, exécutés vers 1840-1850.

76. Reliure. — *Poésies de Maghribi.* — Supplément persan 1525.

Ce recueil des poésies de Mohammad Shirin, surnommé Maghribi, a été copié en 1479, à Shiraz ou à Isfahan, par un calligraphe appelé Fakhr ad-Din Ahmad.

77. Reliure. — *Ghazals de Djami.*

Cette reliure a été exécutée vers 1480 ; elle devait contenir un exemplaire d'une anthologie des ghazals de Djami, copiée pour Kasim Sultan Djihanguir qui épousa vers cette date Aïsha Sultane, fille de Sultan Hosaïn Mirza, souverain timouride du Khorasan.

78. Reliure. — *Poésies d'Abd Allah Hatifi.* — Persan 357.

Ces poésies ont été copiées au commencement du XVIe siècle, à Hérat, par un calligraphe nommé Sultan Ali al-Kaïni al-Sultani, lequel n'est autre que le célèbre Sultan Ali al-Mashhadi. Les plats de la reliure persane ont été découpés et rapportés sur une reliure européenne.

79. Reliure.— *Le Verger fleuri, de Sadi.* — Supplément persan 1431.

Ce manuscrit a été copié, en 1540, dans la Perse occidentale, par le célèbre calligraphe Shah Mahmoud al-Nishapouri. Après avoir fait partie des collections royales, il fut donné, à Saint-Pétersbourg, en 1820, par le prince Khosrau Mirza, à un de ses amis, appelé Rodofinikin.

80. Reliure.—*Le livre de la séparation, par Salman Savadji.*—Supplément persan 1528.

Ce manuscrit a été copié dans la seconde moitié du XVIe siècle, par Darvish Mahmoud. On voit sur l'un des plats de la reliure le Simourgh fondant sur un renard, et sur l'autre deux renards au pied d'un arbre.

81. Reliure. — *Ghazals de Khosrau de Dehli.* — Persan 245 .

Ce manuscrit a été copié, en 1559, par le célèbre calligraphe Malik al-Daïlami. Sur la reliure est représentée, dans la manière des ateliers safawis, la rencontre du roi de Perse Khosrau Parwiz et de Shirin, au bord d'un ruisseau; ce motif est un thème favori des artistes persans.

82. Reliure. — *Les Séances des Amants, par Kazirgahi.* — Supplément persan 775.

Cette reliure a été exécutée, vers 1560-1570, sous le règne de Shah Tahmasp, dans l'Ouest de la Perse.

83. Reliure. — *Poésies de Hafiz.* — Supplément persan 1309.

Cette reliure en cuir estampé et doré, dite *soukhta*, ou « brûlée », a été exécutée vers 1570. Ces reliures sont ainsi nommées par ce qu'elles sont obtenues par le foulage à chaud d'une plaque de cuivre ornée de dessins en creux sur une lame de cuir recouverte au préalable d'une feuille d'or.

84. Reliure. — *Œuvres de Sadi, de Shiraz.* — Persan 239.

Reliure en cuir estampé et doré, dite *soukhta*, exécutée dans le dernier tiers du XVIe siècle, dans les provinces de la Perse occidentale; la partie centrale de la reliure est encadrée d'une bordure formée par la stylisation du nuage des peintures chinoises, traitée comme une tige végétale ornementée de fleurs.

85. Reliure. — *Poésies de Khaghani.* — Supplément persan 620.

Cette reliure, dite *soukhta*, a été exécutée en Perse, en 1600. Ses deux plats représentent un personnage vêtu dans le goût du commencement du XVIe siècle, qui chasse dans une forêt; un lion qui dévore un ours au pied d'un arbre, sur les branches duquel chantent des oiseaux ; des animaux fantastiques, près d'un arbre sur lequel des singes sont grimpés ; un ours qui s'apprête à jeter un rocher sur le lion et l'ours de la seconde scène ; et enfin un gerfaut qui fond sur sur un lièvre.

86. Le prince Solaïman, assis sur le trône. — *Roman d'Alexandre, par Ahmadi.* — Supplément turc 635, folio 273 verso-274 recto.

Cette histoire légendaire d'Alexandre-le-Grand a été écrite, en turc, en vers masnawis, par Tadj ad-Din Ahmad ibn Ibrahim al-Ahmadi. La copie du manuscrit fut terminée en avril 1561, par un calligraphe d'origine persane, nommé Hasan de Shiraz ; toute sa décoration est l'œuvre d'un artiste persan.

87. Le sultan Mourad III dans le Sérail. — *Lever des astres de la félicité.* — Supplément turc 242, fol. 7 verso.

Ce traité d'astrologie a été écrit par Sidi Mohammed ibn Amir Hasan al-Sooudi en 1582, et dédié à Mourad III ; le manuscrit a été copié à Constantinople, en cette même année 1582, pour Fatima Sultane, fille de Mourad III, et enluminé par un artiste appelé Osman.

Il a été pris au Caire, par Bonaparte, qui chargea Monge de le remettre à la Bibliothèque Nationale.

88. Portraits de Shah-Abbas-le-Grand, roi de Perse, et de Khani-Alam, ambassadeur de l'empereur des Indes. — *Recueil de peintures.* — Arabe 6077, fol. 10 verso-11 recto.

Copie faite à Constantinople, en 1701-1702, par Moïn, de deux portraits exécutés, à Isfahan, le premier, en 1613, le second en 1615, par le célèbre Riza-i Abbassi.

89. Un grand seigneur de la Cour ottomane et une élégante du palais de Shah Abbas. — *Recueil de peintures.* — Arabe 6076, fol. 5 verso-6 recto.

Ces deux peintures sont l'œuvre de Launi, qui travaillait à Constantinople, comme Moïn, au début du XVIIIe siècle. La seconde est une copie faite d'après un tableau exécuté vers 1615, par Riza-i

Abbassi, à Isfahan. La dame y est coiffée de l'invraisemblable diadème à queue de poêlon dont s'affublaient les princesses et les grandes dames qui formaient l'ornement de la cour persane.

90. Un eunuque noir du Sérail de Constantinople. — *Recueil de costumes turcs.* — Collection Smith-Lesouëf 228. Bibliothèque Nationale.

Ce recueil de costumes turcs et de types osmanlis est du XVIIIe siècle.

91. Vue de Constantinople. — *Description des côtes de la Méditerranée, par Piri Raïs.* — Supplément turc 956, fol. 434 verso.

L'auteur de cet ouvrage, l'amiral ottoman Piri Raïs ibn al-Hadjdj Mohammad, dit, dans sa préface, qu'il le rédigea, en 1525, et il fait savoir, dans son dernier chapitre ,que ce fut sur les conseils du grand vizir Ibrahim Pacha. Le présent exemplaire a été copié à Constantinople, vers 1530.

92. Tapis. — *Traité de logique, par Avicenne.* — Arabe 6527.

Ce manuscrit a été copié, en 1467, à Constantinople, pour le sultan Mohammad Khan II. Le titre de l'ouvrage et l'ex-libris du padishah sont inscrits dans le tapis enluminé en or et en bleu ; cet exemplaire de la Logique d'Avicenne a fait partie de la Bibliothèque du Sérail.

93. Tapis. — *Gloses sur un commentaire du traité de logique de Siradj ad-Din Mohammad al-Ormawi.* — Arabe 6510.

Ces gloses, écrites en arabe, sont dues au célèbre Sayyid Ali ibn Mohammad al-Djourdjani ; le manuscrit a été copié à Constantinople, en 1467, pour le grand vizir Mahmoud Pacha, premier ministre de Mohammad Khan II, le conquérant de Constantinople ; le titre de l'ouvrage et l'ex-libris du grand vizir se lisent dans le tapis enluminé en bleu et en or.

94. Tapis. — *Koran.* — Arabe 6174, fol. 152 verso-153 recto.

Ce manuscrit a été exécuté vers 1560, à Constantinople ; les tapis, dans le style des décorations persanes au milieu du XVIe siècle, encadrent le « cœur » du Koran, c'est-à-dire le mot et la lettre qui se trouvent au milieu du texte sacré.

95. **Tapis.** — *Livre de prières.* — Arabe 6079, fol. 1 verso-2 recto.

Ce manuscrit a été copié, vraisemblablement à Constantinople, vers le milieu du XVIe siècle, par un calligraphe, nommé Hasan ibn Ahmad al-Karahisari.

96. **Reliure.** — *Le Verger fleuri de Sadi.* — Supplément persan 541.

Cette reliure dite *soukhta*, (voir le n° 83), a été exécutée à Konia (Iconium) ; le manuscrit a été copié en 1552 par un calligraphe persan, nommé Ali Ihahi, de Shiraz.

97. **Lettre de Solaïman Khan Ier à Francois Ier.** — *Documents sur le règne de François Ier.* — Français 2982.

Cette lettre, est datée de Constantinople; elle a été envoyée en février 1526. Le sultan adresse ses condoléances au roi de France à la suite de sa défaite à Pavie (1525) et de sa captivité en Espagne. La lettre est écrite, comme tous les firmans du Grand Seigneur, sur une suite de feuilles de papier collées les unes aux autres, formant un rouleau. La largeur des feuilles de papier ainsi utilisées est en rapport avec l'importance du personnage auquel s'adresse la missive ; l'écriture usitée dans la rédaction de ces documents par la Chancellerie impériale, le *talik*, est une cursive d'une lecture très difficile qui a été empruntée par les Turcs Osmanlis aux formules protocolaires de la Perse.

98. **Lettre d'Ibrahim Pacha à Charles-Quint.** — Supplément turc 816.

Cette lettre a été écrite, le 24 juin 1533, de Constantinople, par le grand vizir Ibrahim Pacha à Charles-Quint, au sujet de la mission que les ambassadeurs de l'empereur Ferdinand venaient de remplir à la Cour ottomane, et des prétentions qu'ils élevaient sur la Hongrie, dont les Turcs revendiquaient la possession.

Cette pièce est unique dans l'histoire de l'Empire ottoman ; Ibrahim Pacha prétendait tenir en tutelle son maître, le sultan Solaïman Khan, et se vantait imprudemment d'être plus puissant que lui. Cette prétention lui coûta la vie, et le padishah le fit assassiner en mars 1536.

99. Lettre de Solaïman Khan à l'empereur Ferdinand. — Supplément turc 826.

Cette lettre ne porte point de date ; elle a été, comme celle d'Ibrahim Pacha (n° 98), écrite de Constantinople ; elle est relative aux mêmes affaires.

100-101. Portraits de Babar, empereur des Indes. — *Mémoires de Babar.* — Collection Smith-Lesouëf 249. Bibliothèque Nationale.

Ces mémoires, que Zahir ad-Din Mohammad Babar Padishah écrivit en turk oriental, furent traduits en persan, en 1590, à Dehli, sur l'ordre de l'empereur Akbar, par le Khankhanan Mirza Abd al-Rahim. Babar est représenté dans le premier (n° 100) sortant de sa tente pour monter à cheval et marcher contre Kandahar ; dans le second (n° 101), à la tête de son armée qu'il conduit contre la province persane de Mazandaran ; l'exécution de ces deux tableaux se place dans les dernières années du XVIe siècle, à Dehli.

102. Joseph chez Zoulaïkha. — Collection Smith-Lesouëf 249. Bibliothèque Nationale.

Joseph entre dans l'appartement de Zoulaïkha, épouse du souverain de l'Égypte ; il fait sur elle et sur les dames qui l'entourent une profonde impression, au point que plusieurs de ces personnes, qui étaient occupées à peler des oranges, se coupent les doigts sans en ressentir la douleur ; l'exécution de ce tableau se place dans les dernières années du XVIe siècle.

103. Princesse timouride et les dames de sa suite. — Collection Smith-Lesouëf 249. Bibliothèque Nationale.

Cette peinture est de la seconde moitié du XVIe siècle ou des premières années du XVIIe. Un de ses anciens possesseurs, dans l'Inde, a écrit, dans une note, qu'elle représente l'impératrice Bibi; Bibi est un nom de femme chez les Turks orientaux.

104. Raz Bahadour et Roupmati. — *Recueil de peintures.* — Estampes O D 44, fol. 25.

L'exécution de cette splendide peinture se place tout à la fin du XVIe siècle, ou dans les premières années du XVIIe ; son auteur,

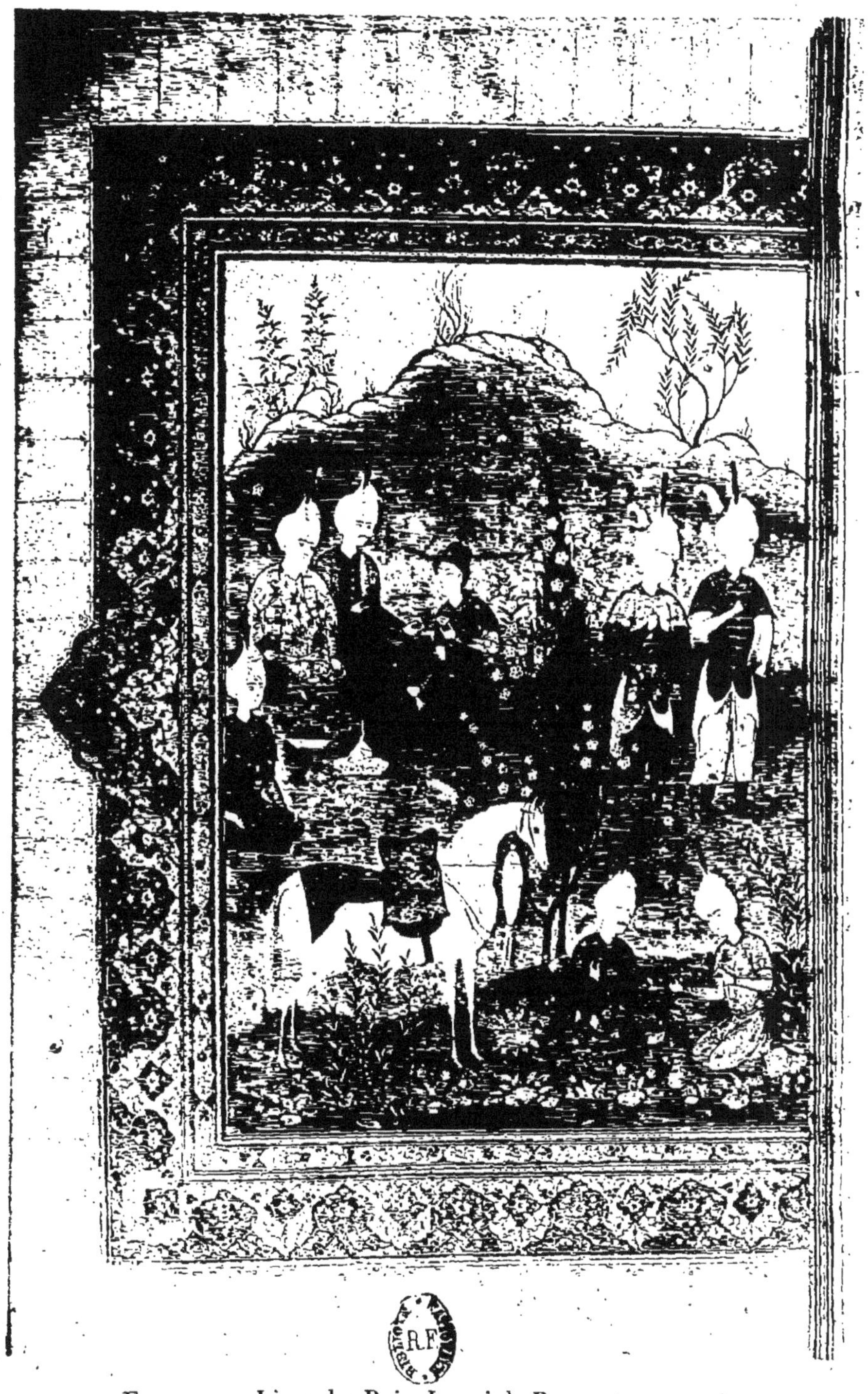

Firdausi. — Livre des Rois. Le roi de Perse et ses courtisans.
Kazwin 1546 (N° 35).

Phototypie Daniel Jacomet

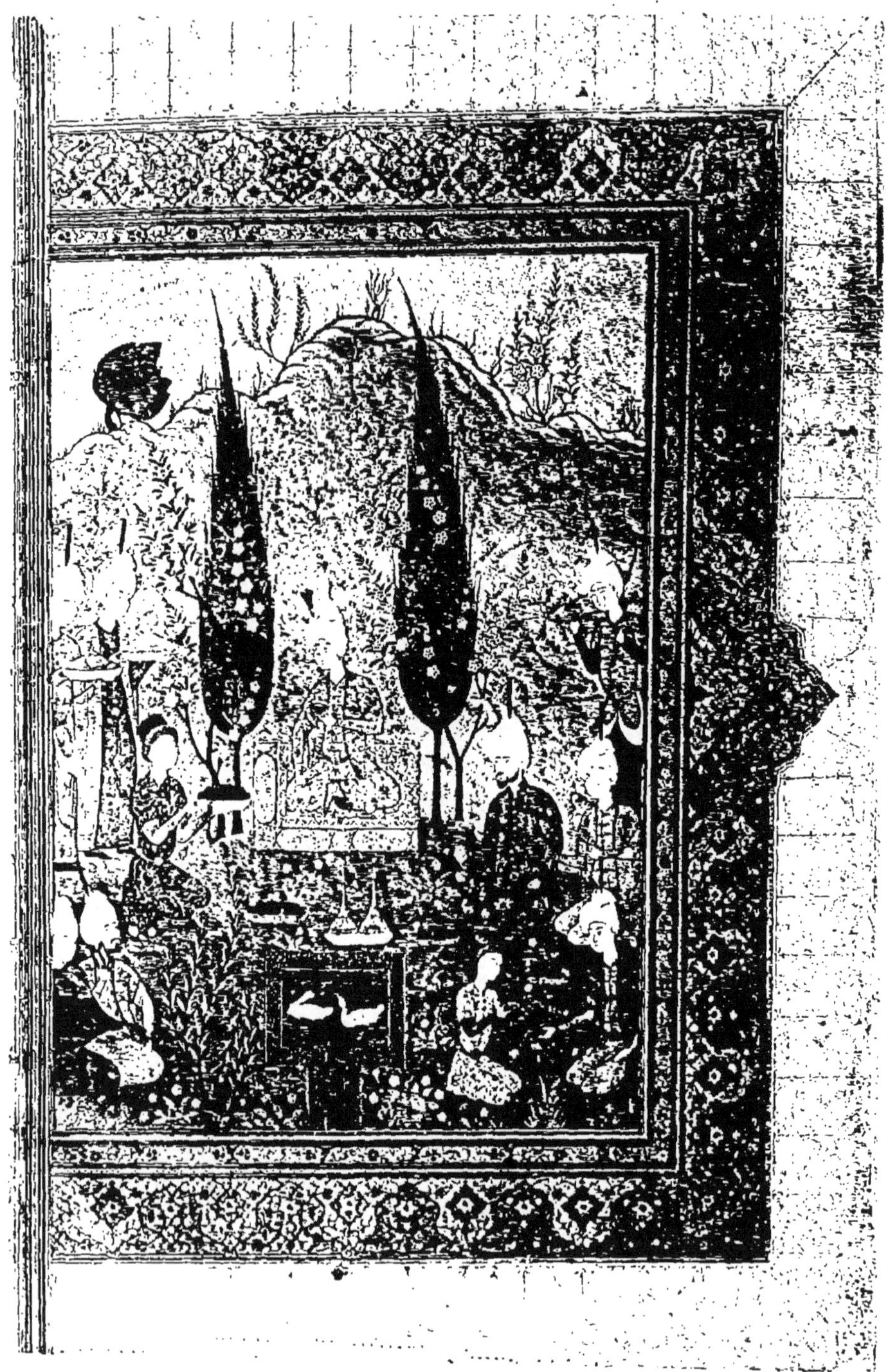

Firdausi. — Livre des Rois. Le roi de Perse et ses courtisans.
Kazwin 1[illegible]

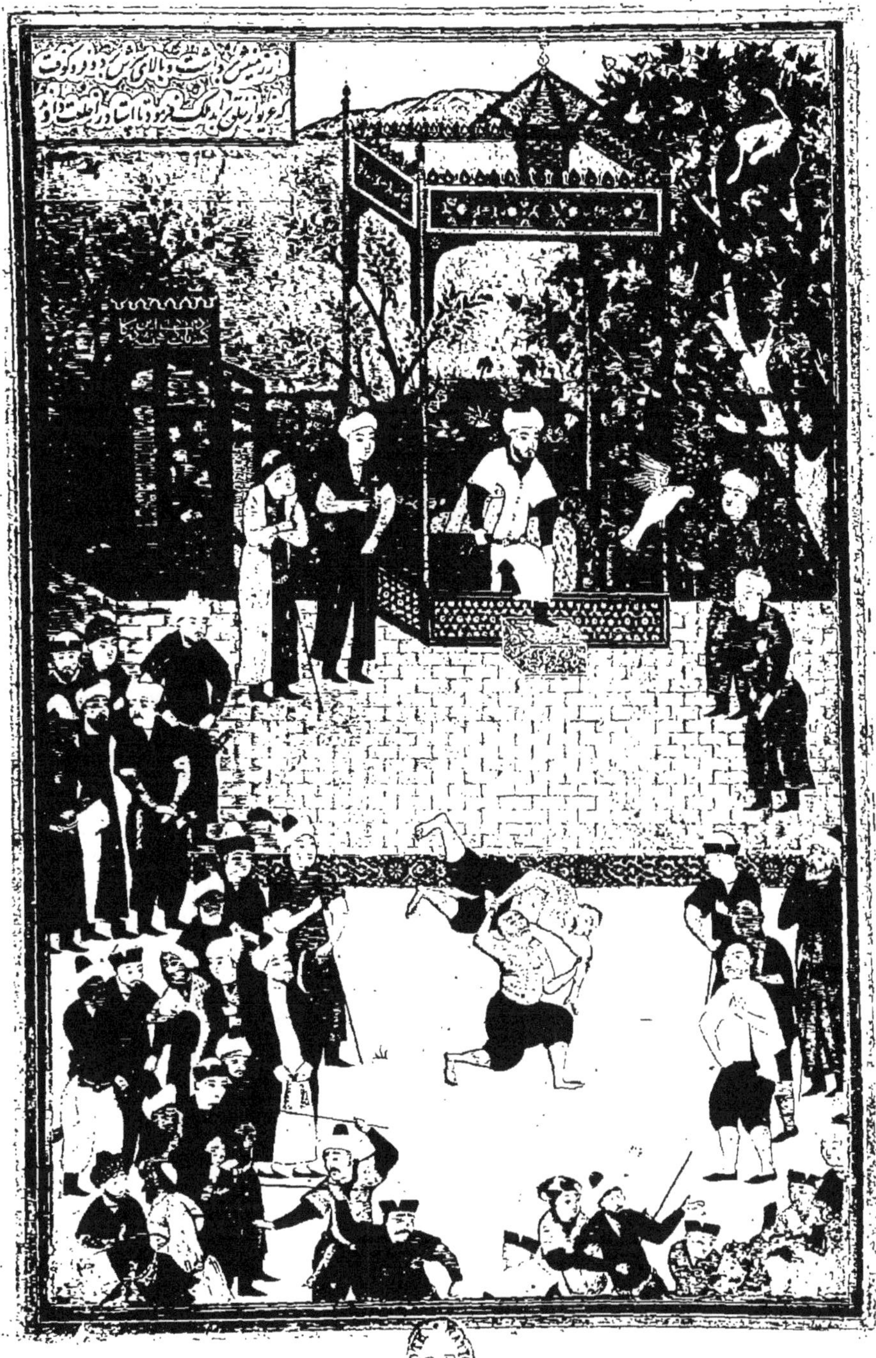

Sadi. — Le parterre de Roses.

Lutteurs aux prises devant le roi. Boukhara 1553 (N° 29).

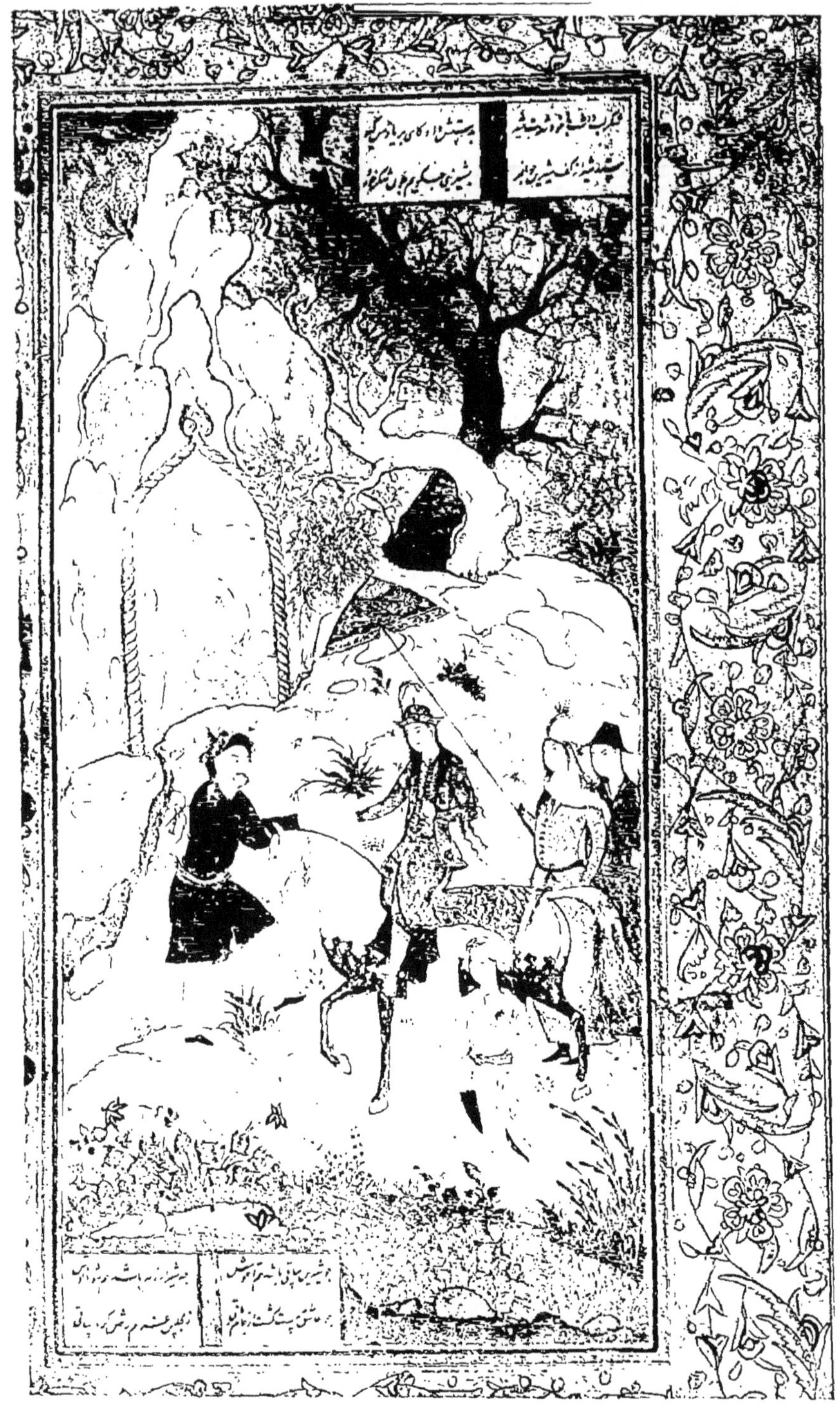

Nizami. — Ron[illegible]

La rencontre de Farhad et [illegible]

Faïz Allah, a signé son nom en caractères microscopiques, au milieu de la pièce.

105. Khosrau Parwiz, roi de Perse, rencontre Shirin. — *Recueil de peintures.* — Estampes OD 43, folio 39.

Cette peinture représente une interprétation assez libre d'un thème classique dans l'iconographie persane ; elle caractérise les procédés des ateliers indo-persans au commencement du XVIIe siècle.

106. Tamerlan. — *Album de l'Histoire de l'empire des Grands Moghols par Manucci.* — Estampes OD 45, folio 3.

Ce portrait, comme tous ceux qui composent l'Album de Manucci, a été exécuté à la fin du XVIIe siècle, par un artiste nommé Mir Mohammad, qui recopia des peintures qui se trouvaient dans le trésor du palais de Dehli, dans l'intention d'illustrer l'*Istoria de Mogol.*

107. Shah Abbas, roi de Perse et Shah Alam, empereur de l'Hindoustan. — *Album indo-persan.* — Collection Smith-Lesouëf 230, Bibliothèque Nationale.

L'exécution de ces peintures se place respectivement au commencement du XVIIe et du XVIIIe siècle.

108. Souverain hindou donnant ses ordres à un officier. — *Recueil de peintures formé à Constantinople.* — Arabe 6075, fol. 1 verso.

Ce recueil de peintures persanes, indiennes et turques, a été formé à Constantinople au début du XVIIIe siècle. Un de ses possesseurs a cru, à tort, pouvoir attribuer ce tableau à Behzad, et identifier les portraits qu'il contient avec ceux des khalifes abbassides de Baghdad, tandis qu'il s'agit d'un prince musulman des Indes, accompagné de ses deux fils, s'entretenant avec un de ses officiers ; cette peinture est de la fin du XVIe siècle ou des premières années du XVIIe.

109. Dignitaire de l'empire du Grand Moghol. — *Histoire des khalifes orthodoxes, par Abou Mohammad Ahmad ibn Asam de Koufa, tome I.* — Persan 97, fol. 164 verso.

Cette peinture, de la seconde moitié du XVIIe siècle, a été insérée sans raison, comme la suivante, dans cette traduction persane de l'histoire des khalifes orthodoxes.

110. **Jeune prince timouride.** — *Histoire des khalifes orthodoxes, par Abou Mohammad Ahmad ibn Asam de Koufa,* tome II. — Persan 98, fol. 355 recto.

Le jeune prince de la dynastie timouride de l'Hindoustan est représenté assis sur un tapis, écoutant les leçons de son précepteur. Comme la peinture précédente, ce portrait constitue un beau spécimen de l'art indo-persan de la seconde moitié du XVIIe siècle.

111. **Un éléphant monté par son cornac.** — Collection Smith-Lesouëf 249. Bibliothèque Nationale.

Ce dessin est caractéristique des procédés indo-persans au milieu du XVIIe siècle ; son auteur s'est amusé à composer l'éléphant et son cornac de corps de femmes dans des positions invraisemblables ; ces fantaisies des dessinateurs hindous étonnaient les conquérants musulmans, qui ont écrit que l'Inde est un pays où tout se fait à rebours de la norme, et que les éléphants y portent leur queue au bout du nez.

112. **Prince hindou vishnouïte et prince de la famille des Grands Moghols.** — *Recueil de portraits indo-persans.* — Collection Smith-Lesouëf 233. Bibliothèque Nationale.

Ce recueil contient quarante-sept portraits des princes de la dynastie des Grands Moghols de l'Hindoustan, qui ont été exécutés, dans la seconde moitié du XVIIe siècle, par des artistes de Dehli ; d'après une note qu'écrivit le comte Antonio Baldini sur l'un des feuillets de garde, ce recueil fut rapporté de Perse, en 1690, par le peintre hollandais Claude Lebrun, et les portraits qui s'y trouvaient furent recopiés à Amsterdam en 1714.

113. **Le Grand Moghol Alamguir II.** — *Histoire de l'Inde, par le colonel Gentil.* — Français 24219, page 422.

Ce portrait fait partie, avec beaucoup d'autres, de l'illustration de l'« Abrégé historique des souverains de l'Indoustan ou Empire Mongol » composé, en 1772, par le colonel Gentil. Cet officier de l'armée française commanda successivement les troupes de Mir Kasim, nabab du Bengale, et de Shodja ad-Daula, roi d'Aoude. Après la défaite de ce dernier, il se réfugia à la cour du Grand Moghol Shah Alam II, mais il put, en 1765, revenir à Aoude, comme résident de France. Les portraits qu'il a insérés dans son ouvrage sont copiés sur les portraits officiels conservés dans le palais du Grand Moghol.

Une note écrite par Langlès sur l'un des feuillets de garde, fait savoir que ce manuscrit a été choisi le 3 février 1793 « dans la Bibliothèque particulière de Louis XVI, avec l'autorisation du Comité d'Instruction publique ».

114. Rafi ad-Daula et Farroukhsiyar, empereurs de l'Hindoustan. — *Recueil de portraits des princes de la dynastie timouride.* — Collection Smith-Lesouëf 246. Bibliothèque Nationale.

Ce recueil contient les portraits de vingt membres de cette dynastie fondée par Timour. Ces portraits ont été copiés en 1774 pour Gentil, avec la permission de l'empereur Shah Alam II, sur les originaux conservés dans le palais de Dehli.

115. Tapis. — *Les cinq poèmes de Nizami.* — Supplément persan 576.

Ce manuscrit a été copié, en 1581, pour Akbar, empereur de l'Hindoustan, dont il porte l'ex-libris autographe. Il a fait partie de la Bibliothèque impériale de Dehli, dont l'a tiré, en 1719, pour l'offrir à l'un de ses généraux, le Grand Moghol Shah Djihan II.

116. Danseuses. — *Recueil de peintures hindoues.* — Collection Smith-Lesouëf 242. Bibliothèque Nationale.

Cette peinture, dans la pure manière des écoles radjpoutes, a été exécutée vers le milieu du XVIIIe siècle

117. Sujets de la mythologie hindoue. — *Album radjpoute.* — Collection Smith Lesouëf 245. Bibliothèque Nationale.

Les pièces qui composent cet album ont été peintes dans les ateliers hindous du Radjpoutana, au XVIIIe siècle ; les trois premières peintures de cet album représentent : 1° Kakoubha qui, fuyant l'orage, rentre dans sa demeure ; — 2° Kakoubha entre deux paons ; — 3° Brahma, sous les traits d'une divinité à quatre têtes couronnées, et Khambavati.

118. Scènes de la mythologie hindoue. — *Album radjpoute.* — Collection Smith-Lesouëf 231. Bibliothèque Nationale.

Ces peintures ont été exécutées dans un atelier du Radjpoutana, au XVIIIe siècle ; elles sont collées sur des feuilles assemblées en forme de paravent. On y voit Brahma avec ses quatre têtes couronnées et Khambavati respectueusement assise devant lui. Viennent ensuite un cavalier luttant contre un piéton, des dames hindoues somptueusement vêtues, un ascète en méditation assis sur une peau de tigre, etc.

119. Ganesha, Brahma, Vishnou et Siva. — *Bhagavatapourana.* — Sanscrit 479.

Le *Bhagavatapourana* contient l'histoire légendaire, en vers, du dieu Krishna Dans le présent exemplaire, qui a été enluminé à la fin du XVIIIe siècle, dans le Radjasthana ,suivant la technique radjpoute, le texte de ce poème remplit un rouleau qui n'a pas moins de 23 mètres de long. Il est orné à son début des quatre peintures suivantes : 1° Ganesha, le dieu à tête d'éléphant, entouré de deux femmes, dont l'une tient à la main un flabellum et dont l'autre joue d'un instrument à cordes ; — 2° Brahma, divinité dont les quatre têtes sont couronnées ; — 3° Vishnou, la tête cerclée d'un nimbe, ainsi que son épouse Lakshmi, qui se tient derrière lui, monté sur Garouda, figuré sous les traits d'un homme ailé à la tête et aux pattes de perroquet. — 4° Mahadéva, ou Siva, avec ses six têtes ceintes d'un diadème, et sa femme Parvati.

La rosace qui figure sur la couverture du présent catalogue orne le commencement du recueil des œuvres de Mir Ali Shir Nawaï, dont la copie a été terminée à Hérat en 1527, et dont une peinture est exposée sous le n° 27 ; l'ornement qui décore le revers de la couverture est le sceau impérial ottoman de la lettre exposée sous le n° 826 ; le sceau des sultans de la monarchie d'Osman, le *toughra*, reproduit, dans des formes stylisées, l'empreinte de la main de Mourad Khan I, qui ne sachant pas écrire, l'appliqua, trempée dans l'encre, sur un traité qu'il venait de conclure avec la République de Raguse ; on reconnaît encore dans le *toughra* l'empreinte du pouce et des trois premiers doigts de la main impériale.

120. Le Vieux de la Montagne et ses Assassins. — *Le Livre des Merveilles, par Marco Polo*, etc. — Français 2810, fol. 16 verso.

L'histoire du Vieux de la Montagne et de sa secte est une de celles qui ont le plus vivement frappé l'esprit et l'imagination des Occidentaux. Il suffira de rappeler que le nom de ses adeptes, les *haschaschi*, ce qui signifie en arabe, les mangeurs de *haschisch*, préparation énivrante faite avec de la feuille de chanvre séchée, est passé dans notre langue, par l'intermédiaire de l'italien *assassino*. Les *haschaschi* étaient élevés dans le paradis du Vieux. Et ce paradis était plein de de tous les fruits de la terre ; le vin, le lait, le miel et l'eau y coulaient en abondance dans des « conduits » divers ; on y voyait, aussi, des « dames et damoiselles les plus belles du monde », qui savaient jouer de tous les instruments et chanter merveilleusement ; elles dansaient , en outre, avec tant de grâce que c'était « délice » de les voir. Quand le Vieux avait besoin de ses assassins pour une mission délicate ou pour « faire occire un grand seigneur », il les conduisait dans son palais, leur donnait à boire le breuvage énivrant et leur disait : « Alez et occiés tel personne et quant vous serez retournez je vous feraiz porter en paradis. Joinville avait, avant Marco Polo, parlé du Vieux de la Montagne, mais avec moins de détails.

Le manuscrit ainsi connu depuis longtemps, sous le nom de *Livre des Merveilles*, est en réalité un recueil des relations des voyages accomplis en Orient et en Extrême-Orient, du XIIIe au XIVe siècle, par Marco Polo (1271-1296), Odoric de Pordenone (1331), Guillaume de Boldensele (1336), Jean de Mandeville (1322-1356) Hayton (1307) et Ricold de Montcroix (1294-1309). Il a été exécuté pour Jean sans Peur, dont il contient le portrait, mais celui-ci l'offrit, en janvier 1413, à son oncle le duc Jean de Berry. Le volume fit ensuite successivement partie de la collection de Jacques d'Armagnac et de Pierre de Bourbon, avant d'arriver, sous François Ier, à la Bibliothèques du roi.

Les très nombreuses miniatures dont il est orné ont été reproduites en phototypie, dans un format réduit, par les soins de M. H. Omont (*Livre des Merveilles*, Paris, Berthaud, s. d. (1907), 2 vol. in-16).

121. Bertrandon de la Brocquière offrant à Philippe le Bon une traduction du Coran. — *Relation du voyage d'Outremer de Bertrandon de La Brocquière.* — Français 9087, fol. 152 verso.

Exemplaire exécuté pour le duc de Bourgogne Philippe le Bon. Il contient, en effet, non seulement ses armes et sa devise : *Aultre n'aray*, mais son portrait deux fois répété, ici, d'abord, et au fol. 1; ensuite, dans une miniature où Jean Miélot, traducteur de l'*Avis directif pour faire le passage d'Outremer* de frère Brochard, est représenté lui offrant son ouvrage, qui forme la première partie du présent volume.

Bertrandon de La Brocquière avait rapporté de Damas une traduction du Coran qu'il vint offrir au duc, à son quartier général de l'abbaye de Pothière, pendant que celui-ci faisait le siège de Mussy-l'Évêque. Cette miniature a été gravée par Jules Jacquemart et publiée par Ch. Schefer (*Note sur les miniatures ornant un manuscrit de la relation du voyage d'Outremer de Bertrandon de La Brocquière*, Paris, 1891, in-8°. Extrait de la *Gazette des Beaux-Arts*).

122. Le prince Zizim réfugié auprès du soudan d'Egypte. — *Relation du siège de Rhodes, par Guillaume Caoursin.* — Latin 6067, fol. 138.

Après avoir longuement raconté le siège de Rhodes, Caoursin parle des premières pérégrinations du prince Zizim, qui disputa, avec acharnement, mais sans succès, à son frère aîné Bajazet l'empire de Constantinople. Zizim est représenté ici dans les différentes scènes qui marquèrent sa réception par le soudan d'Egypte, auprès duquel il se réfugia, après sa défaite dans le Taurus. On le voit, d'abord, salué par des envoyés du soudan ; il est ensuite reçu à la porte du palais ; mis, enfin, en présence du soudan, il lui expose ses malheurs et sollicite sa protection.

La relation latine de G. Caoursin, dont la composition est de 1480, fut imprimée dès l'année suivante (cf. *Bibliothèque Nationale, Catalogue général des imprimés*, XXIII, p. 451.).

123. Carte d'une partie de l'Asie Occidentale. — *Atlas catalan de Charles* V. — Espagnol 30.

Cette carte comprend deux des douze feuilles de parchemin collées sur des planchettes de bois, qui constituent cet atlas aussi précieux que célèbre. On y voit dans le bas et à gauche, les monts Ourals — *los munts de Sebur* — et au dessus une une caravane qui, venant du Turkestan — *l'imperi de Sarra* — d'après les inscriptions dont elle est accompagnée, se dirige vers la Chine — *al Catayo*. — En sens inverse, sont représentés, dans l'Asie — dont le nom est écrit en lettres capitales — l'Arabie, la Mecque, les trois rois Mages, la Chaldée, le golfe Persique, le golfe d'Oman, avec des pêcheurs de perles, et, dans l'Inde, les rois de Coulan — *Colombo* — et de Delhi.

Cet Atlas a été exécuté en 1375, par le juif majorquin Abraham Cresques (cf. Ch. de La Roncière, *La découverte de l'Afrique au moyen âge. Cartographes et explorateurs*, Le Caire, 1925, 2 vol, in-fol.). Les cartographes de l'école de Majorque avaient, par suite de leurs relations avec les juifs du monde entier, des connaissances précises sur l'Asie et sur l'Afrique qu'on ne retrouve, au même degré, chez aucun autre d'entre eux.

L'importance de l'œuvre d'Abraham Cresques pour la géographie de l'Asie et, en particulier, pour l'interprétation des voyages de Marco Polo, a été plusieurs fois signalée et, en dernier lieu, par, M. H. Cordier (*L'Extrême-Orient dans l'Atlas catalan de Charles* V: Paris, Imprimerie Nationale, 1895, in-4°. — Extrait du *Bulletin de Géographie historique et descriptive*). Une reproduction par l'héliogravure en a été donnée par L. Delisle dans son Album intitulé : *Choix de monuments géographiques conservés à la Bibliothèque Nationale* (Paris, 1883, atlas).

Charles V fit entrer cet Atlas dans sa collection de manuscrits, très peu de temps après son apparition. On le trouve mentionné, en effet, dans l'Inventaire de la bibliothèque de ce roi qui fut dressé, en 1830.

124. Vue de Quilon ou Coulam en Travencore (Inde, côte de Malabar). — *Breve tratado de todos os visorreys da India par Pedro Barreto de Rezende, secretario do senhor conde de Linhares.* — Portugais 1, fol. 314.

C'est à Quilon (en latin *Columbus*) qu'a été établi, en 1324, par Jean XXII, en faveur du missionnaire Jordan Catala, le premier évêché catholique de l'Inde (cf. *Histoire littéraire de la France* XXXV (1921), p. 268, art. de M. Ch.-V. Langlois).

L'auteur des cartes, plans et portraits qui illustrent ce manuscrit portugais, est un pilote de Honfleur, Pierre Berthelot, venu aux îles de la Sonde en 1622 à bord de l'*Espérance*, armée par la Compagnie normande appelée « la Flotte de Montmorency ». Pilote Mayor de la flotte portugaise des Indes, il explore à ce titre les côtes de l'océan Indien. Sous la bure des Carmes qu'il a revêtue le jour de Noël 1634, et sous le nom de Frère Denis de la Nativité, Berthelot continue son métier de pilote et de « truchement très scavant en la langue Malacque. » Chargé d'accompagner une ambassade portugaise à Sumatra pour fêter le nouveau roi d'Atjeh, il fut emprisonné et mourut martyr le 29 novembre 1638 (Paul Gontier, *Vie admirable de Pierre Berthelot*, Caen-Paris, 1917, in-8°. — Ch. de La Roncière, *La première hydrographie française des Indes Orientales*, Paris, Imprimerie Nationale, 1917, in 8°).

ESTAMPES JAPONAISES

Les estampes que nous exposons appartiennent, dans leur majeure partie, à la très belle collection léguée à la Bibliothèque nationale en 1916 par M. Georges Marteau qui fut un grand ami du Cabinet des Estampes. C'est grâce à sa libéralité que put véritablement être constitué le fonds d'estampes japonaises du Cabinet de Paris. Choisies avec beaucoup de goût et généralement dans un fort bel état de conservation, les estampes du don Marteau nous permettent de suivre l'évolution de l'Estampe japonaise depuis les Urushyés et les Béniés de l'époque primitive jusqu'aux chefs-d'œuvre de l'impression polychrome. Les principaux maîtres y sont souvent représentés par des épreuves admirables : Harunobu, Sharaku, Outamaro tout particulièrement.

La générosité de donateurs comme le regretté Alexis Rouart, MM. Paul et Franck Haviland et M. Charles Vignier ont permis d'accroître ce fonds, ce dont nous ne saurions trop les remercier.

Rappelons à titre d'indication que toutes ces estampes sont des gravures sur bois, les Japonais n'ayant jamais employé le burin ni l'eau forte. Les premières estampes japonaises datent de la fin du XVIIe siècle et furent tirées en noir. Très rapidement les peintres japonais, travaillant pour l'estampe, ajoutèrent à la main des rehauts d'aquarelle sur ces épreuves en noir, ce fut tout d'abord des tons rouges d'où le nom de tanyés. Ils complétèrent ensuite ces premiers essais de coloris par des frottis de laque noire ou de poudre d'or, qui valurent à ces estampes le nom de urushyés.

Un nouveau progrès se produisit dans l'art de l'estampe japonaise au début du premier tiers du XVIIIe siècle avec l'impression en deux tons, vert et rose (benyés). Une troisième et dernière étape fut marquée par l'estampe polychrome pratiquée par les graveurs d'Harunobu vers 1761-65. Avec ce nouveau procédé cinq ou six planches, même plus, permirent aux peintres japonais d'obtenir de véritables estampes en couleurs.

Pour l'impression, les Japonais procédaient ainsi. Le peintre, au lieu de dessiner directement sur le bois comme beaucoup d'artistes le firent souvent en Europe, dessinait en se servant du pinceau sur un papier mince et transparent. Le graveur collait ce dessin face à la planche généralement en bois de cerisier, puis entaillait le bois en suivant le trait et de façon à le laisser en relief. Pour les tirages en noir du début, cette seule planche suffisait. Pour les impressions à deux tons bényés et pour les impressions polychromes il était fait autant de dessins et autant de planches que de tons désirés. Les planches étaient ensuite confiées à l'imprimeur qui tirait l'estampe en appliquant une feuille de papier légèrement humide sur la ou les planches successives, enduites de couleurs et en frottant au dos avec une sorte de tampon appelé baren. Les couleurs étaient toujours employées à l'eau.

La place nous manquant pour donner une bibliographie même sommaire de l'histoire de l'estampe japonaise, nous indiquons seulement les excellents catalogues d'estampes japonaises publiés chez D.-A. Longuet, 1909-1914 (6 vol. in-folio), par M. Charles Vignier et M. Jean Lebel, avec la collaboration de M. Inada. Chacun de ces volumes est précédé d'une savante introduction de M. R. Kœchlin et très abondamment illustré.

ESTAMPES JAPONAISES

125. **Torii Kiyonobu** (1663-1729). *Acteur en costume de Samuraï.*
Urushiyé, Hosoyé.
H. 0 m. 310. — L. 0 m. 145.
Don Georges Marteau.

126. **Toshinobu** (travaillait vers 1751-1763). *Conversation.*
Un homme et une femme parlant dans la rue; la femme tient un vêtement, dans ses mains.
Urushiyé, Hosoyé.
Signée : Yamato no Gwako Okumura Toshinobu.
H. 0 m. 290. — L. 0 m. 170.
Don Georges Marteau.

127. **Toyonobu** (1710-1785). *Deux amoureux s'abritant sous un parasol.*
Benié (vert et rose). Hosoyé.
H. 0 m. 258. — L. 0 m. 133.
Signée : Ishikawa Toyonobu.
Don Georges Marteau..

128. **Harunobu** (né à Yedo ? † 1770). *Promenade au bord de la mer.*
Une jeune fille marchant sur un banc de sable entouré par la mer, se retourne en sentant sa robe accrochée par un crabe; une paysanne les pieds dans l'eau s'approche pour détacher le crabe. Au fond un paysage.
Impression polychrome. Chuban. Signée : Harunobu Yegaku.
H. 0 m. 270. — L. 0 m. 205.
Don Georges Marteau.

[Une épreuve de la même estampe, tirée en bistre avec des gris et des rouges, est reproduite, pl. IX, dans : Harunobu, Koriusaï et Shunsho de MM. Vignier et Inada].

129. Harunobu. *Jeune mère surveillant son enfant en train de jouer à ses pieds.*

Impression polychrome. Chuban.
Signée : Suzuki Harunobu Yegaku.
H. 0 m. 258. — L. 0 m. 197.
Don Georges Marteau.

130. Harunobu. *Promenade.*

Deux amoureux se promènent au bord d'un lac parmi les iris en fleurs. Le jeune homme rattache les cordons de sa sandale.

Impression polychrome. Chuban.
Signée : Harunobu Yegaku.
H. 0 m. 285. — L. 0 m. 210.
Don Georges Marteau.

131 Harunobu. *Deux amoureux dans un jardin.*

Jeune homme offrant à son amie un fruit qu'il vient de cueillir dans un jardin au bord d'une rivière.

Impression polychrome. Chuban.
Signée : Harunobu Yegaku.
H. 0 m. 280. — L. 0 m. 215.
Don Georges Marteau.

132. Harunobu. *Kanzan et Iitoku.*

Un jeune homme montre à son ami, un long rouleau couvert de caractères d'écritures. C'est la représentation populaire des deux sennin Kanzan et Iitoku.

Impression polychrome sur fond jaspé. Oban.
H. 0 m. 355. — L. 0 m. 210.
Don Georges Marteau.
[Reproduit dans : Harunobu, Koriusa et Shunsho de MM. Vignier et Inada, pl. 23.]

133. Koriusai (Isoda) (✝ après 1781). *Deux oiseaux sur la branche d'un pin.*

Impression polychrome. Chuban.
Signée : Koriusai.
H. 0 m. 272. — L. 0 m. 207.
Don Georges Marteau.

134. Koriusai (Isoda). *La promenade.*

Deux geishas se promenant au bord d'une rivière.

Impression polychrome.

Cette estampe fait partie de la série Furyu Ukiyo Sagata Modes populaires artistiques.

Chuban. Signée : Koriu, Yegaku.

H. 0 m. 255 — L. 0 m. 185.

Don Georges Marteau.

135. Katsukawa Shunsho (né à Yedo 1726 † 1792). *Deux lutteurs.*

Si l'on rapproche cette estampe d'une gravure de la Collection de M. H. Vever on reconnaît dans le lutteur de droite Tainkazé Kajinosuké.

Impression polychrome. Oban

Signée : Shunsho Yegaku.

H. 0 m. 387. — L. 0 m. 255.

Don Georges Marteau.

136. Katsukawa Shunsho. *Jeune femme tenant un vase de fleurs. Auprès d'elle un jeune Samuraï.*

Impression polychrome. Hosoyé.

Non signée.

H. 0 m. 298 .— L. 0 m. 141.

Don Georges Marteau

137. Katsukawa Shunsho. *Le combat.*

Scène de théâtre. Lutte entre deux guerriers dont l'un tient une torche.

Impression polychrome. Chuban.

Signée : Shunsho Yegaku. — Cachet de Shunsho (le petit vase à couvercle = tsubo).

H. 0 m. 274. — L. 0 m. 205.

Don Georges Marteau.

138. Katsukawa Shunsho *Jeune femme se promenant par un jour de neige.*

Elle a la tête recouverte d'un capuchon violacé et est enveloppée dans un grand manteau noir. Elle est représentée par l'acteur Ségawa Kikunojo.

Impression polychrome. Hosoyé.
Signée : Shunsho Yegaku.
H. 0 m. 286. — L. 0 m. 126.
Don Georges Marteau.

139. Katsukawa Shunsho. *Acteur représentant un Samuraï.*

Impression polychrome. Hosoyé.
Signée : Shunsko Yegaku.
H. 0 m. 315. — L. 0 m. 135.
Don Georges Marteau.

140. Shunyei (1768-1819). *Jeune femme en robe jaune vert, à décor de fleurs.*

Elle tient de sa main droite un morceau d'étoffe.
Impression polychrome. Hosoyé.
Signée : Shunyei Yegaku.
H. 0 m. 305. — L. 0 m. 140.
Don Georges Marteau.

141. Torii Kiyonaga (1742-1815). *Scène de théâtre.*

Les acteurs Mimasu Tokujiro et Matsumoto Koshiro V jouant une scène du drame Tsuzuré Nishiki, au bord d'un ruisseau fleuri. Sur une estrade ombragée par un saule des chanteurs et des musiciens,

Impression polychrome. Oban.
Signée Kiyonaga Yegaku.
Editeur Yeijudio (7 janvier 1784).
H. 0 m. 374. — L. 0 m. 249.

142. Torii Kiyonaga. *Portrait de Mitsugoro.*

L'acteur Bando Mitsugoro est assis sur la terrasse d'une chaya. Deux courtisanes lui tiennent compagnie. Au-dessus de la tête de Mitsugoro des branches de cerisier en fleurs. Fond oxydé.

Impression polychrome. Petit Oban.
Signée : Kiyonaga. Yegaku.
H. 0 m. 318. — L. 0 m. 222.
A droite cachet de la Collection Blondeau;

143. Torii Kiyonaga. *Deux porteuses de sel.*

Gravure en couleurs de la série : Fuzoku Azuma no Nishiki : brocards de l'Est ou coutumes et manières des divers habitants de Yedo, illustrées par l'estampe. Oban.

Signée Kiyonaga Yegaku.

H. 0 m. 373. — L. 0 m. 252.

[Une autre épreuve de cette estampe est reproduite par MM. Ch. Vignier et Inada, dans Kiyonaga, Bensho, etc., pl. 12.]

144. Torii Kiyonaga. *La Promenade.*

Une jeune fille coiffée d'un sugegasa (chapeau de paille) et vêtue du furisodé se promène accompagnée de deux femmes s'abritant sous un parasol. Oxydations et gauffrures sur la robe de la femme qui est le plus à droite.

Impression polychrome.

Cette estampe fait partie de la série : Fuzoku Azuma no Nishiki, brocards de l'Est ou coutumes et manières des divers habitants de Yedo, illustrées par l'estampe. Oban.

Signée Kiyonaga Yegaku.

Signée : Kiyonaga Yegaku.

H. 0 m. 365. — L. 0 m. 260.

Don Georges Marteau.

145. Torii Kiyonaga. *Le coup de vent.*

Deux geishas et leur servante se promenant par un jour de grand vent.

Estampe polychrome de la série : Tosei Yuri Bijin Awasé, les Beautés actuelles des Yuri. Les Yuri sont les quartiers de la ville où vivent les courtisanes. Oban.

Signée Kiyonaga Yegaku.

H. 0 m. 380. — L. 0 m. 252.

Don Georges Marteau.

[Une épreuve de cette estampe a été reproduite pas MM. Ch. Vignier et Inada dans : Kiyonaga, Bunsho, etc., pl. XIX.[

146. Torii Kiyonaga. *Soir d'été.*

Deux jeunes femmes se reposant un soir d'été sur la terrasse d'une chaya.

Impression polychrome. Cette estampe appartient à la série Nazu no Hana, les fleurs de Nakazu. Chuban.

Signée : Kiyonaga Yegaku.

H. 0 m. 260. — L. 0 m. 192.

Don de M. Ch. Vignier.

147. Sharaku (travaille vers 1790). *Le Départ pour l'exil.*

Les acteurs Nakayanna Tomisaburo et Idikawa Komazo représentant la courtisane Kommasaki et son amant Hiraï Gompachi partant pour l'exil. Serrés l'un contre l'autre ils tiennent chacun d'une main le grand parasol qui les abrite.

Impression polychrome sur fond micacé. Oban.

Signée Toshusaï Sharaku Yegaku.

Editeur Tsutaya.

H. 0 m. 370. — L. 0 m. 245.

Don Georges Marteau.

[Reproduit pas MM. Ch. Vignier et Inada dans : Kiyonaga, Sharaku, pl. 99.]

148. Sharaku. *Portrait d'Hanshiro.*

L'acteur Iwaï Hanshiro dans le rôle d'Oishi femme de Yuranosuké le chef des Ronin. Elle porte un peigne d'écaille blonde transparent. Son kimono blanc est orné de papillons roses.

Impression polychrome sur fond d'argent. Oban.

Signée Toshusaï Sharaku, yegaku.

Editeur Tsutaya.

H. 0 m. 377. — L. 0 m. 252.

Don Georges Marteau.

[Une épreuve de la même estampe un peu plus rognée a été reproduite par MM. Ch. Vignier et Inada dans : Kiyonaga, Sharaku. pl. 68.]

149. Sharaku. *L'acteur Matsumoto Yonesaburo dans le role de la courtisane Okaru.*

Okaru était la fille du paysan Yochibei, personnage de l'his-

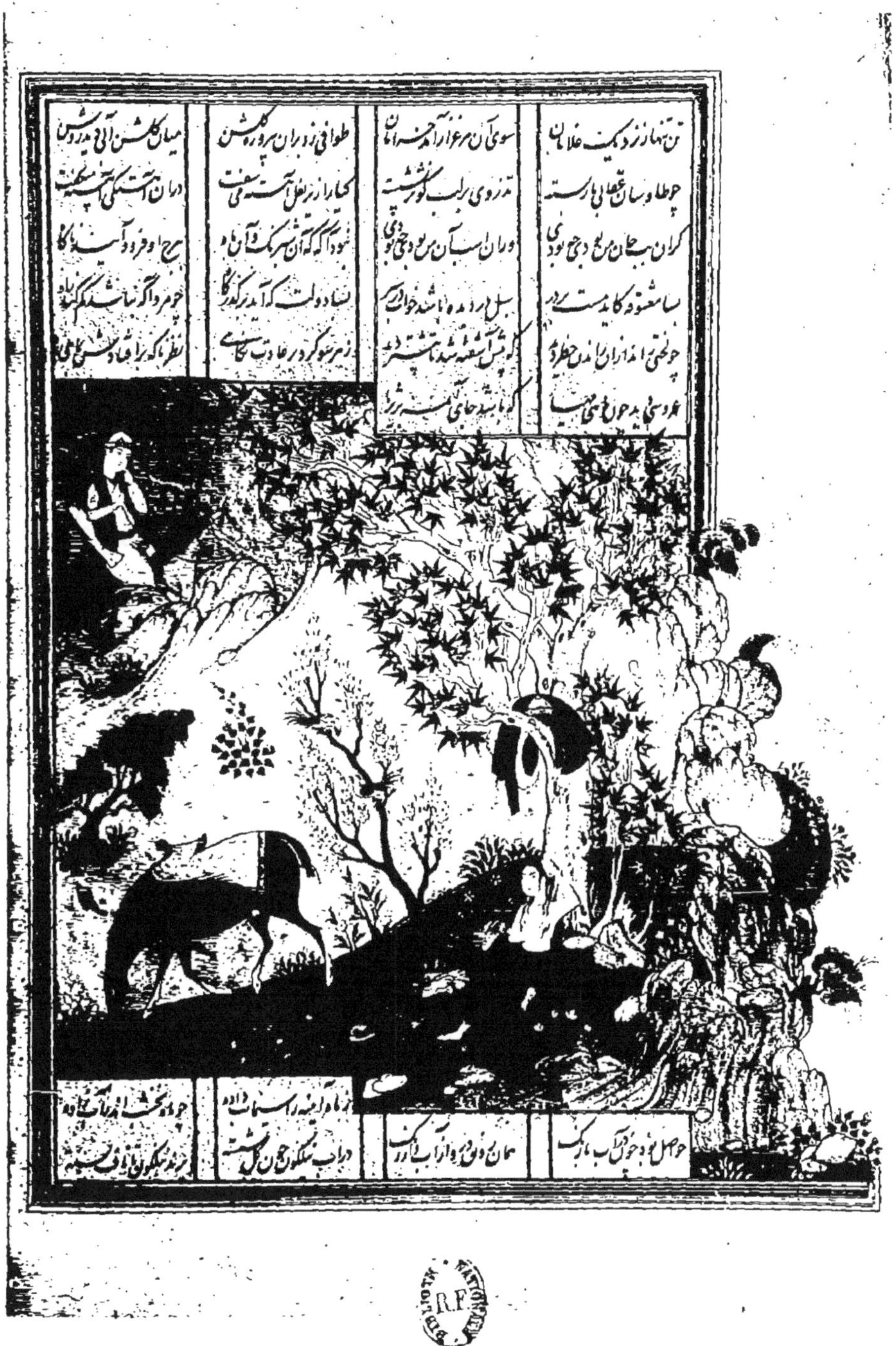

Nizami. — Roman de Khosrau et Shirin.

La rencontre de Khosrau et de Shirin. Isfahan 1624 (N° 47).

Phototypie Daniel Jacomet.

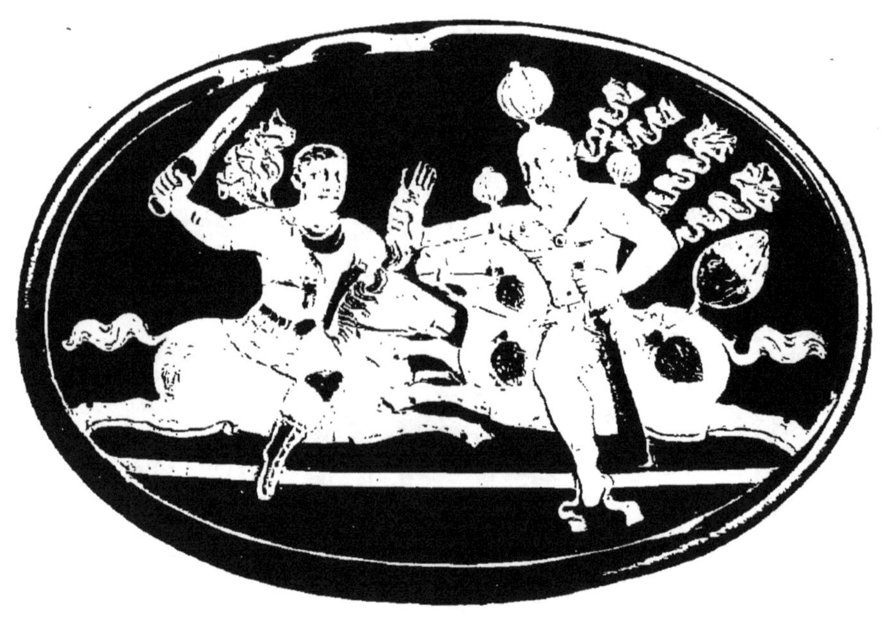

Camée Sassanide.
Le roi Sapor faisant prisonnier l'empereur romain Valérien.

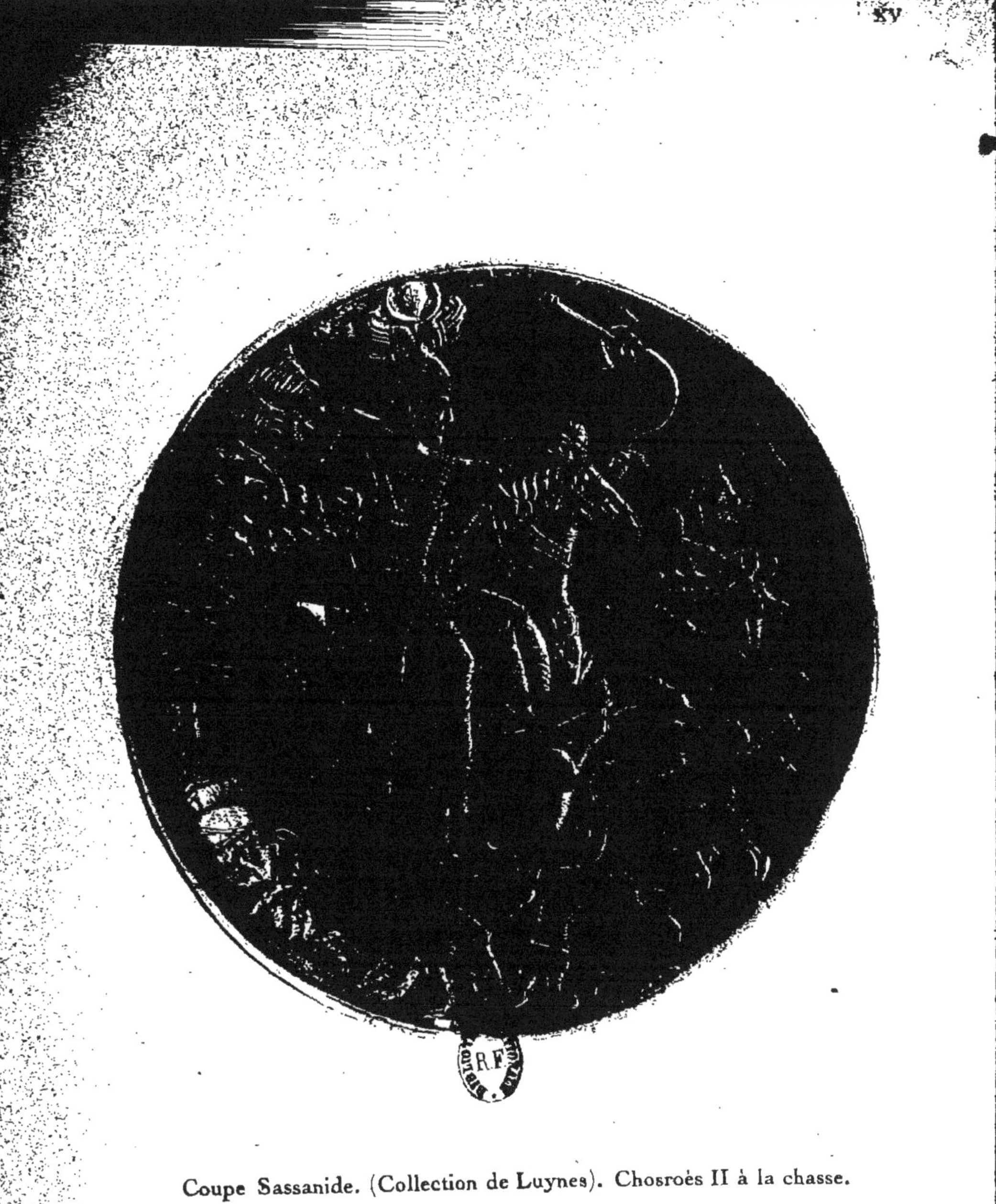

Coupe Sassanide. (Collection de Luynes). Chosroès II à la chasse.

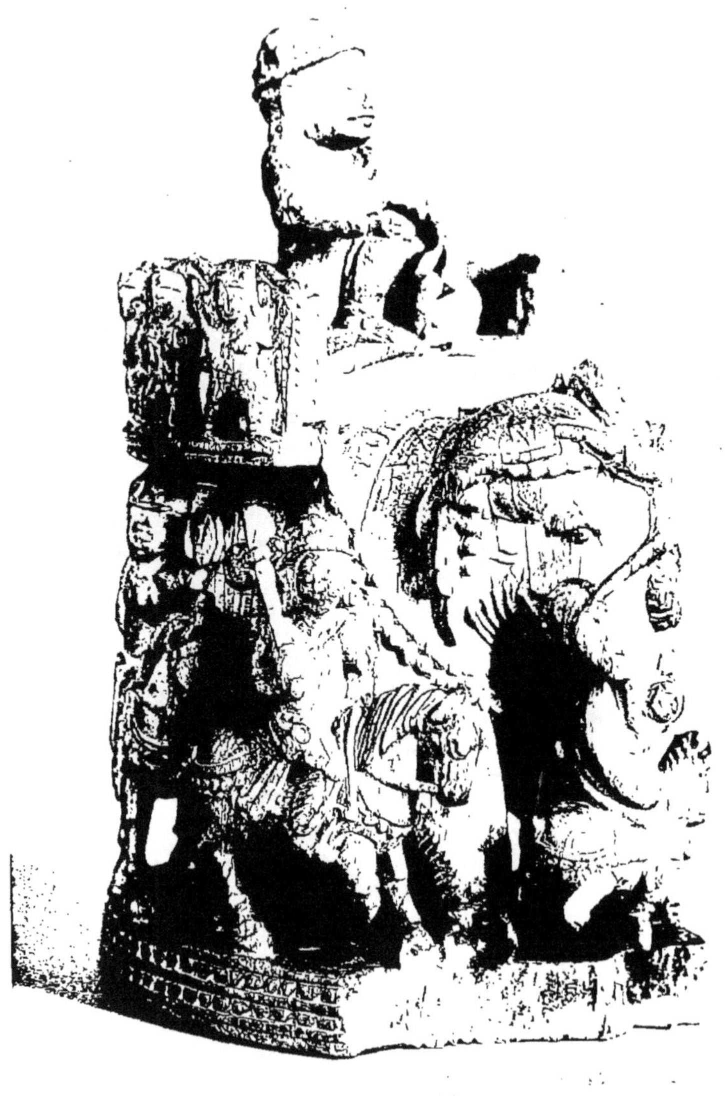

Pièce d'échiquier de Charlemagne (Ivoire sculpté).

toire des Ronins. Elle est coiffée d'un peigne d'écaille blonde. Son kimono jaune paille foncé est orné d'un mone, et son obi noir décoré d'arabesques gaufrées. De la main gauche elle tient une pipette.

Impression polychrome sur fond d'argent. Oban.

Signée Toshusaï Sharaku, yegaku.

Editeur Tsutaya.

H. 0 m. 380. — L. 0 m. 250.

Don Georges Marteau.

[Rep. p. Ch. Vignier : Kiyonaga, Sharaku, pl. 67.]

150. Sharaku. *Portrait de Miya Uchi Dennai.*

Il était directeur du théâtre Kobukiza. Il est assis en costume de cérémonie vêtu d'une robe couleur brique à manches vert d'eau. Il tient un rouleau de papier annonçant l'apparition prochaine d'une série de portraits d'acteurs.

Impression polychrome à fond micacé. Oban.

Signée : Sharaku, yegaku.

Editeur Tsutaya.

H. 0 m. 374. — L. 0 m. 244.

Don Georges Marteau.

[Reproduit p. Ch. Vignier : Kiyonaga, Sharaku, pl. 78.]

151. Sharaku. *Konami la fiancée du fils de Yuranosuké le chef des Ronins.*

Elle est représentée par l'acteur Segawa Kikunojo. Elle porte un peigne d'écaille blonde et est vêtue d'un kimono blanc à décor d'étoiles de mer, obi noir.

Impression polychrome à fond d'argent. Oban.

Signée : Toshusaï Sharaku, yegaku.

Editeur Tsutaya.

H. 0 m. 370. — L. 0 m. 250.

Don Georges Marteau.

[Reproduit par MM. Ch. Vignier et Inada dans : Kiyonaga. Sharaku, pl. 71.]

152. Outamaro (1753-1806). *Amusements raffinés.*

Un jeune élégant goûte les plaisirs d'une soirée d'été, sur la terrasse d'une chaya à Takanawa (Shiba-Yedo). Couché sur le sol, entouré de geishas, il fume une pipette et tient dans sa main gauche une coupe de saké. Il envoie une bouffée de fumée à la Kamuro qui s'apprête à lui remplir sa coupe de saké chaud. Nous retrouvons dans ce dessin l'influence de Massanobu.

Partie droite d'un diptyque en couleurs. Oban.
Signée Outamaro Yegaku (en caractères carrés)
H. 0 m. 375.— L. 0 m. 250.
Don Georges Marteau.
[Epreuve semblable reproduite par MM. Ch. Vignier et Inada dans : Outamaro, pl. 4.]

153. Outamaro. *Le Misoka Soji.*

C'est le nettoyage d'une maison du Yoshivara avant le jour de l'an. Trois dames emportens un jeune homme endormi après avoir pris trop de saké.

Motif central d'une triptyque en couleurs. Oban.
Signée : Outamaro fudé.
Editeur : Yamada.
H. 0 m. 374. — L. 0 m. 247.
Don Georges Marteau.
[Une épreuve de la même estampe a été reproduite par MM. Ch. Vignier et Inada dans : Outamaro, pl. 55.]

154. Outamaro. *Portrait en buste de la courtisane Hanaogi de la maison Ogiya.*

Elle écrit un poème sur un tanzaku. En haut à droite un cartouche carré contenant le nom de la courtisane et un autre rectangulaire où se lit un poème.

Impression polychrome sur fond mica;é. Oban.
Signée : Outamaro fudé.
Editeur Tsutaya;
H. 0 m. 376. — L. 0 m. 250.
Don Georges Marteau.
[Reproduite par MM. Ch Vignier et Inada dans Outamaro, pl. 29.]

155. Outamaro. *Portrait d'une courtisane ayant bu trop de saké.*

Elle a les seins découverts, la chevelure en désordre et serre une serviette entre ses dents.

Impression polychrome de la série : Hokkoku Goshiki no Sumi : Cinq aspetcs du Yoshiwara. Oban.

Signée : Outamaro fudé.

Editeur : Yamaka.

H. 0 m. 375. — L. 0 m. 245.

Don Georges Marteau.

[Reproduite par MM. Ch. Vignier et Inada dans : Outamaro, pl. 53.]

156. Outamaro. *La sortie nocturne.*

Le marchand Kamiya Jihei se sauve avec sa maîtresse Koharu.

Impression polychrome. Cette estampe appartient à la série Iitsu Kurabé Iro no Minakami, foi mutuelle source d'amour. Oban.

Signée : Outamaro fudé.

Editeur Yeijudo.

[Une épreuve de cette estampe a été reproduite par MM. Ch. Vignier et Inada dans : Outamaro, pl. 62.]

157. Outamaro. *La femme à l'écran.*

Portrait d'une jeune femme en buste, tenant de sa main gauche un écran. Elle est vêtue d'un kimono noir à petits ornements blancs et jaunes et porte une ceinture vert clair à ornements vert d'eau. En haut à gauche dans un cadre rectangulaire : un poème.

Impression polychrome sur fond micacé. Oban.

Signée : Outamaro fudé.

H. 0 m. 370. — L. 0 m. 245.

Editeur Tsutaya.

Don Georges Marteau.

158. Outamaro. *La femme à l'éventail.*

Portrait d'une jeune femme en buste, elle tient dans sa main droite un éventail. Sa coiffure forme sur le front un papillon dont les ailes se rejoignent derrière le chignon. Elle porte un kimono jaune et un obi vert avec des fleurettes.

Impression polychrome. Oban.

Signée : Outamaro fudé.

H. 0 m. 390. L. 0 m. 260.
Don Georges Marteau.

159 Outamaro. *Portrait d'une jeune femme.*

Portrait en buste d'une jeune femme dont la gorge est nue. Elle porte un kimono gris bleuté à décors d'oiseaux et un obi jaune à décor de feuillages.

Impression polychrome. Cette estampe appartient à la série Fujo Ninso Juppin : dix jeunes femmes jugées au point de vue physiognomonique. L'inscription de la tablette du milieu : Uwaki no so, voulait dire que cette jeune femme apportait aux jeux de l'amour une fougue singulière. Oban.

Sans signature.
H. 0 m. 384. — L. 0 m. 255.
Don Georges Marteau.

160. Choki (fin du XVIIIe siècle.). *Le crépuscule au bord de la mer.*

Une bijin vêtue d'un kimono à raies vertes, jaunes et noires, recouvert d'un manteau gris rayé de blanc se tient debout dans un jardin au bord de la mer près d'un chozubachi — petit bassin. Au fond, un coucher de soleil. Très belle épreuve du 1er état. Le nuage est encore orné d'un gaufrage, tandis que dans le second état le gaufrage sera remplacé par un trait noir.

Impression polychrome à fond micacé. Oban tateyé.
Signée : Choki Yégaku.
Editeur Tsutaya.
H. 0 m. 355. — L. 0 m. 230.
Don de MM. Paul et Franck Haviland et Ch. Vignier.
[V. Ch. Vignier : L'*estampe japonaise, ses tirages successifs*, III. — *Le Figaro Artistique*, 10 juillet 1924.]

161. Hokusaï (né à Yedo 1760 + 1849).

Le Fuji vu du moulin de Kageda. On remarque la roue hydraulique de Onden.

Impression polychrome de la série des Trente-six vues du Fuji: Oban Yokoyé.

Signée : Saki no Hokusaï I-itsu fudé.

Editeur Yeijudo.
H. 0 m. 250. — L. 0 m. 362.
Don Georges Marteau.
Goncourt : Hokusaï p. 165.
[Une épreuve de la même estampe a été reproduite par MM. Ch. Vignier: Jeaà Lebel et Inada dans Yeishi, Hokusaï, pl. 77.]

162. Toyokuni. (1769-1825)
Portrait d'acteur.
Impression polychrome.
Estampe en couleurs. Oban
Signée Toyokuni Yegaku.
H. 0 m. 383. — L. 0 m. 260.

163. Hiroshigé (1797-1858). *Mishima. Asa Kirï*
Des voyageurs à cheval et en kago. Sur la droite le torii du temple de Mishima. On aperçoit dans le brouillard des maisons et des arbres.
C'est la 12e station du Tokaido, la grande route qui va de Yedo à Kyoto.
Impression polychrome. Cette estampe fait partie de la série du Tokaïdo Gojusan Tsugi : les 53 stations du Tokaido. Oban yokohé.
Signée : Hiróshigé, yegaku.
Editeur Hoyeido.
H. 0 m. 238. — L. 0 m. 355.
Don Georges Marteau.
[Une épreuve de la même estampe a été reproduite pas MM. Ch. Vignier, J. Lebel, Inada : Toyokuni et Hiroshigé, pl. 57.]

164. Hiroshigé. *Mitsuki. Temyn Gawa.*
Le brouillard du matin recouvre encore le paysage du fond. Au premier plan des barques sur deux bras de la rivière séparés par un banc de sable. Sur ce ban de sable des voyageurs attendent le bac qui doit les faire passer.
Vingt-neuvième station du Tokaido.
Impression polychrome. Cette estampe fait partie de la série du Tokaïdo Gojusan Tsugi, les 53 stations du Tokaïdo. Oban Yokoyé.

Signée Hiroshigé Yegaku.
Editeur Hoyeido.
H. 0 m. 228. L. 0 m. 354.
Don Georges Marteau.

[Une épreuve de la même estampe a été reproduite pr MM. Ch. Vignier, Jean Lebel et Inada, Toyokuni et Hiroshigé, pl. 59.]

165. Hiroshigé. *Shono. Haku-u.*

Des voyageürs arrivent par une pluie battante dans les faubourgs de la ville de Shono. Sur le parapluie du personnage le plus à droite on lit : Také-no-Uchi Han, Gojusan Tsugi, le nom de l'éditeur et le titre de la série des 53 stations du Tokaido. Cette inscription n'existe plus dans les tirages postérieurs. C'est la quarante-sixième station du Tokaido.

Impression polychrome. Oban-Yokoyé.
Signée : Hiroshigé Yegaku.
Editeur Hoyeido.
Don Georges Marteau.
H. 0 m. 228. — L. 0 m. 345.

[Une épreuve de la même estampe a été reproduite par MM. Ch. Vignier, J. Lebel et Inada : Toyokuni et Hiroshigé. pl. 60.]

166. Hiroshigé. *Kameyama Yukiharé.*

Vue de ce paysage célèbre par un temps de neige, quarante-septième station du Tokaïdo.

Impression polychrome de la série du Tokaïdo Gojusan Tsugi, les cinquante-trois stations du Tokaido. Oban Yokoyé.
Signée : Hiroshigé Yegaku.
Editeur : Hoyeido.
H. 0 m. 231. — L. 0 m. 350.
Don Georges Marteau.

MÉDAILLES ET ANTIQUES

Un exceptionnel ensemble de monuments de l'art sassanide se trouve conservé au Cabinet des Médailles. On y trouve des éléments essentiels de toute étude sur l'art persan du IIIe au VIIe siècle de notre ère.

Les pièces d'orfèvrerie ainsi rassemblées égalent en beauté celles qu'en particulier, possèdent le musée de l'Ermitage et le British Museum. Certaines d'entre elles, comme la fameuse coupe de Chosroès, s'ennoblissent au surplus d'un prestige quasi légendaire.

Des camées, des intailles, spécimens capitaux de l'art du lithoglyphe, et des monnaies complètent cette suite de coupes et d'aiguières d'une technique si raffinée. Il y a là l'expression d'une civilisation née, pour une large partie, à l'école de la Grèce et de Rome, mais qui, après une période de splendeur dégénéra en des répétitions et des imitations bâtardes.

C'est en 227 après J.-C.. qu'Ardeschir, un descendant des Perses achéménides, se souleva contre son souverain, le roi parthe Vologèse V, et prit lui-même le titre de « Roi des rois ». Le dernier prince de la dynastie ainsi fondée, Iezdegerd, mourut assassiné, en 661. La plus brillante période de l'histoire sassanide est marquée par le règne de Sapor Ier et celui de Chosroès II. Les événements les plus mémorables en sont la capture de l'empereur romain Valérien et la conquête de Jérusalem et de la Sainte Croix. On retrouvera le souvenir de ces grands rois sur plusieurs des objets dont suit la description. Ils évoquent par leur style, sinon les ruines fameuses du palais colossal de Ctésiphon, du moins les étoffes précieuses, à sujets figurés, qui sont parvenues jusqu'à nous de ce lointain passé, et surtout les bas-reliefs rupestres où sont inscrits, dans les montagnes qui avoisinent Persépolis, les fastes d'une histoire sanglante et somptueuse.

---

167. Coupe de Chosroès (590-628 après J.-C.)

Orfèvrerie cloisonnée. Les parois de la coupe sont formés d'un réseau d'or, travaillé au marteau, où sont sertis des médaillons en cristal et en verre de couleur verte ou rouge. Au centre, un grand médaillon en cristal de roche, gravé en relief. Travail sassanide.

Avant la Révolution, cette coupe, qui est l'un des monuments les plus précieux et les plus vénérables de l'art sassanide, et qui marque une date dans l'histoire de l'orfèvrerie cloisonnée, était conservée dans le trésor de l'abbaye de Saint-Denis, sous le titre traditionnel de « Tasse de Salomon ». Salomon, à cause des récits bibliques concernant la construction du temple de Jérusalem et son fastueux mobilier, passa durant tout le moyen âge pour le type même de l'orfèvre, comme plus tard Saint-Eloi. On désignait par les mots *opus salomonicum* les ouvrages d'art que l'antiquité groupait sous le nom de Dédale. De là vient l'appellation légendaire de notre coupe. Ce n'est que vers la fin du XVIIIe siècle que les érudits reconnurent, dans le personnage représenté sur le médaillon central, un roi sassanide et rajeunirent ainsi de plus de quinze cents ans la fameuse tasse. Quant à la date de son arrivée à Saint-Denis, elle est sujette à controverse. Une ancienne tradition veut qu'elle ait été apportée à Charlemagne parmi les objets que lui offrirent les ambassadeurs d'Haroûn-al-Raschid. Mais il serait aussi vraisemblable de supposer qu'elle fut ramenée d'Orient par les Croisés qui pillèrent Constantinople en 1204.

Une semblable incertitude règne au sujet de l'identification rigoureuse du roi, qui pourrait être Chosroès Ier ou Chosroès II. La forme particulière de la coiffure, spéciale pour chacun des souverains sassanides, permet seule, par comparaison avec les effigies monétaires, de distinguer les deux souverains. Nous sommes sans doute ici en présence de Chosroès II. Il est figuré assis de face sur un trône, dont les pieds sont en forme de chevaux ailés, semblables au Pégase classique. Sa couronne est formée d'une sorte de mitre ronde surmontée d'un croissant ; un second croissant, supportant le globe du soleil d'où s'échappent deux bandelettes flottantes, domine la coiffure. Le roi est vêtu de la *candys*, robe ornée de broderies. Il s'appuie des deux mains sur la poignée de son épée au fourreau. De ses épaules partent deux bandelettes, et les bouts de sa ceinture sacrée, le *kosti*, flottent à la hauteur de la taille. Les chaussures sont ornées d'ailerons. La forme du trône est celle qui s'est perpétuée jusqu'à nos jours, à l'usage des schahs de Perse.

La coupe de Chosroès a été déposée au Cabinet des Médailles en 1792, en vertu d'un décret de l'Assemblée nationale, avec les autres monuments du trésor de Saint-Denis, qui échappèrent alors à la destruction.

168. Coupe de la chasse du roi Chosroès (vers 600 après J.-C.).

Travail sassanide en argent doré. Cette coupe fait partie des collections léguées au Cabinet des Médailles, en 1862, par le duc de Luynes.

Sur le fond d'argent de la coupe se détachent des reliefs dorés qui représentent le roi Chosroès II à cheval, au galop volant, tirant de l'arc et poursuivant des sangliers, des buffles et des antilopes. Le roi est coiffé de la tiare crénelée, ornée d'un croissant, surmontée d'ailerons et d'un disque enfermé dans un second croissant. Il est vêtu d'une tunique collante, et les bouts du *kosti*, la ceinture sacrée, flottent derrière lui. A sa taille sont suspendus l'épée et le carquois. Le cheval est richement harnaché, le poitrail orné d'un parement décoré de disques. Au collier et à la croupière sont attachées des houppes triangulaires terminées par des têtes d'animaux, qui semblent être constituées par des gaines de cuir. A la partie inférieure de la scène sont figurés des animaux percés par les flèches du roi, tandis que d'autres fuient devant lui. Le mouvement impétueux de l'ensemble permet de comparer cette précieuse coupe au camée de Sapor (Voy. ci-après, n° 88). Elle nous offre un des monuments les plus importants de l'orfèvrerie sassanide, et provient du trésor des émirs de Badakschan. (Comparez la coupe d'argent du Musée de l'Ermitage, qui représente Sapor II à la chasse au lion, et les reliefs rupestres de Taq-i-bustan, où sont illustrés les exploits cynégétiques de Chosroès II.)

169 Coupe de la déesse Anaïtis (VIIe-VIIIe siècle après J.-C.).

Travail sassanide en argent doré. Acquise en 1843 (ancienne collection du prince P. D. Soltikoff)

Le fond de la coupe est doré et orné d'un bas-relief fondu et ciselé. Au centre, la déesse Anaïtis assise sur l'animal fabuleux appelé le *marticoras*, formé par la réunion d'une tête de chèvre et d'un corps de lion, la queue terminée par une sorte de fleuron. La déesse est nue, parée d'un collier et de pendants d'oreilles. Au pourtour quatre groupes de hiérodules — prêtres et prêtresses — affrontés deux à deux. A la partie supérieure, un buste humain dans un croissant de lune, qui symbolise le dieu Mên, ou Lunus. Deux hiérodules sont en adoration devant lui. Leur tunique est serrée par la ceinture sacrée, le *kosti*, dont on voit flotter les extrémités. Celui de gauche est coiffé d'une tiare ronde ornée de bandelettes, et tient un seau. Le groupe inférieur, composé de deux femmes est également surmonté de l'emblême de Mên ; celle de gauche tient une patère remplie de fruits. Les groupes latéraux sont composés chacun d'un eunuque et d'une femme. Les eunuques tiennent l'un une branche de lotus et un oiseau, l'autre un long sceptre et un brûle-parfums. Les femmes sont voilées et tiennent un encensoir, une patère (la *pialet* dans laquelle les parsis font des offrandes de lait) une sorte d'étui de cuir, et une pièce d'étoffe.

170. Coupe d'argent doré (IXe-Xe siècle après J. C.).

Travail sassanide. Acquise en 1843 (ancienne collection du prince P. D. Soltikoff.).

Le fond de la coupe est décoré d'un bas-relief doré et niellé, représentant un tigre qui s'avance parmi les lotus croissant au bord d'un fleuve.

171. Aiguière d'argent doré. (VIe-VIIe siècle après J.-C.).

Travail sassanide. Acquis en 1846.

Cette aiguière, dont l'anse a disparu, est décorée de sujets symboliques travaillés au repoussé, qui se détachent sur un fond doré. Au centre de la panse, le *hom*, l'arbre sacré verdoyant. Sur chacune des deux faces, un groupe de deux lions qui bondissent en sens contraire et se croisent. L'épaule de ces lions est ornée d'une étoile.

172. Deux disques d'argent doré.

Travail sassanide. Fragmentés.

Sur ces deux disques travaillés au repoussé, sont représentés des combats d'animaux. Au centre du plus petit, une hyène dévorant une antilope. Au centre du plus grand, une tête d'éléphant et une hyène dévorant un cerf. Au pourtour, on lit une inscription, gravée à une époque postérieure, d'après laquelle ces disques auraient été offerts en ex-voto par un roi du nom de Mithridate.

173 [1]. **Ardeschir Ier** (211-241 après J.-C.) Argent.

Légende pehlvie. Le roi est coiffé d'une haute tiare hémisphérique à fanons ; sa barbe est longue et ondulée. Au revers, le pyrée, autel portatif sur lequel est allumé un brasier. L'apparition du pyrée et de la légende pehlvie sur ces monnaies coïncide avec l'instauration du culte de Zoroastre en Perse.

174. Sapor Ier (241-272 après J.-C.) Or.

Légende pehlvie. Le roi est coiffé de la *cidaris*, couronne crénelée, surmontée du globe solaire ; ses cheveux flottent en grosse masse frisée ; sa barbe est longue et liée par le milieu de façon à former à son extrémité une grosse touffe. Au revers, le pyrée entre deux *mobeds* couronnés, tenant chacun une haste, et la main sur la poignée d'une épée au fourreau. A gauche, le symbole du *frohar*, image de la sagesse d'Ormuzd ,qui s'échappe des flammes.

175. Hormisdas Ier (272-273 après J.-C.) Argent.

Légende pehlvie. Le roi est coiffé d'une couronne ornée de crochets, surmontée du globe solaire. Sur l'épaule. le *frohar*. Au revers, le pyrée entre le roi et un *mobed*.

176. Varahrane Ier (273-276 après J.-C.) Argent.

177. Varahrane III (293 après J.-C.) Argent.

L'effigie du roi est associée à celles de la reine et du prince héritier.

178. Narsès (293-303 après J.-C.) Argent.

179. Hormisdas II (303-310 après J.-C.) Argent.

180. Sapor II (310-379 après J.-C.) Or.

[1]. De 173 à 186, monnaies sassanides.

181 **Iezdegerd** Ier (399-420 après J.-C.) Argent.

182. **Firouz** Ier (459-484 après J.-C.) Argent.

183. **Chosroès** Ier (531-579 après J.-C.) Argent.

184. **Chosroès II** (590-628 après J.C.) Argent.

185. **Ardeschir III** (628-630 après J.-C.) Argent.

186. **Iezdegerd III** (632-651 après J.-C.) Argent.

187 [1]. **Ardeschir Ier Babegan (Artaxerce), domptant le taureau Nandi.** (IIIe siècle après J.-C.).

Sardonyx (fragmentée). Acquis en 1868 (ancienne collection de Fegervary Pulsky.

Le roi, debout, de profil, barbu, est coiffé d'une tiare, dont les fanons flottent au vent. Il est vêtu d'une tunique de soie serrée à la taille par une ceinture, de pantalons collants (*anaxyrides*), et chaussé de souliers. L'attribution à Ardeschir Ier, le fondateur de la dynastie sassanide, n'est pas certaine.

188. **Le roi Sapor faisant prisonnier l'empereur romain Valérien** (IIIe siècle après J.-C.).

Sardonyx à trois couches. Acquis en 1893.

Outre ses mérites artistiques et son importance dans l'histoire de la gravure sur gemmes, ce précieux camée, qui n'a pas son pareil parmi les monuments sassanides actuellement connus, se recommande à l'attention parce qu'il commémore un des événements les plus singuliers de l'histoire. En l'an 260 de notre ère, près de la ville d'Edesse, en Mésopotamie, l'empereur romain Valérien, le père, au cours d'une campagne contre les Perses tomba dans une embuscade et fut fait prisonnier. Des bas-reliefs rupestres, à Naksch-i-Rustem, près de Persépolis, et à Schapur, nous ont gardé le souvenir de ce fait d'armes, dont le monde entier fut ému. La scène représentée sur notre camée en symbolise l'importance par une fiction. Rien, en effet, ne permet d'affirmer que Sapor Ier, fils d'Ardeschir Ier Babegan, fit prisonnier de sa main son adversaire. Le roi est ici représenté,

[1]. De 187 à 194, Camées sassanides.

par rapport à l'empereur romain, doué d'une stature athlétique également conventionnelle. Les deux cavaliers sont lancés l'un contre l'autre au galop volant. Sapor, bien que son cheval passe à la droite de celui de l'empereur, saisit Valérien par le poignet gauche. Le casque hémisphérique du roi est surmonté d'un globe qui est un symbole solaire. Les fanons de son diadème flottent derrière sa tête. Ses épaules sont surmontées de deux globes. Les bouts de sa ceinture sacrée, le *kosti*, voltigent derrière son dos. Il est vêtu d'un justaucorps, que recouvre une cuirasse, de pantalons collants, ou *anaxyrides* ; des lanières de cuir protègent ses cuisses. Le harnachement du cheval est orné de grosses houppes de crin, de laine ou de soie, garnis de gaines de cuir fauve. Le roi saisit de la main gauche la garde d'une longue épée droite, restée au fourreau. L'empereur, imberbe, est couronné de laurier ; il est vêtu de la cuirasse et du paludamentum, et brandit son glaive au-dessus de sa tête. Il est chaussé de bottines lacées. La qualité de la gemme, la régularité des différentes couches, noire, bleuâtre et fauve, ne sont pas moindres que la beauté du travail du lithoglyphe.

189. Chosroès II.

Cornaline.

Buste du roi, de profil à gauche. Le roi est coiffé d'une tiare et d'une couronne crénelée, le tout surmonté du croissant lunaire et du globe solaire. Des fanons plissés s'échappent de ses épaules. Il est paré de deux colliers de et pendant d'oreilles.

190. Lion couché.

Sardonyx à trois couches, blanche, bleue et brune.

191. Lion dévorant un taureau.

Agate onyx à trois couches, blonde, blanche et rousse.

Ce camée décorait jadis la châsse de la tunique de la Vierge, à la cathédrale de Chartres, avant la destruction du reliquaire, en 1793.

192. Ours dévorant un taureau.

Sardonyx à trois couches, brune, blanc-bleuâtre, et gris cendré. Acquis en 1897.

193. Le taureau Nandi.

Hématite.

Partie postérieure d'un taureau en ronde bosse.

194. Taureau.

Sardoine orientale, rouge. Acquis en 1864.

Le taureau est couché et lève la tête. La queue est remplacée par une épingle mobile en bronze, formant fibule.

195 [1]. **Ardeschir Ier**. Buste de profil, coiffé de la tiare ronde, ornée d'un symbole en forme de caducée, appelé *mahrou*. La légende pehlvie donne le nom du roi.

Cornaline d'un travail remarquable.

196. Ardeschir Ier. Buste de profil, coiffé de la tiare ronde. Au pourtour, une légende pehlvie en deux lignes.

Cornaline.

197. Ardeschir Ier. Buste de profil, avec la tiare ronde, les épaules couvertes d'un manteau constellé. Légende pehlvie.

Cône perforé, jaspe vert.

198. Ardeschir Ier.

Cône perforé, calcédoine lactée.

199. Ardeschir Ier. Buste dans un cercle de perles.

Cornaline.

200. Sapor Ier. Buste de profil, la tête nue, diadémé. Légende pehlvie.

Sardonyx.

201. Sapor Ier. Buste de profil, tête nue. Légende pehlvie.

Sceau annulaire, calcédoine.

202. Sapor Ier.

Sceau annulaire guilloché, cornaline.

203. Sapor Ier. Buste de profil, diadémé, posé sur une tête de lion entre deux ailes.

Sceau annulaire guilloché, sardoine.

[1]. De 195 à 247, intailles sassanides.

204. Sapor Ier. Buste de profil ; au pourtour, légende pehlvie
Sceau annulaire, cornaline.

205. Sapor Ier. Buste de profil, la tête nue. Légende pehlvie.
Cornaline.

206. Sapor Ier. Buste de profil, diadémé. Légende pehlvie.
Agate rubanée.

207. Sapor Ier. Buste de profil, diadémé ; au-dessous, deux ailes.
Légende pehlvie.
Cornaline.

208. Sapor Ier. Buste de profil, la tête nue. Légende pehlvie.
Cornaline.

209. Sapor Ier. Buste diadémé, de profil, la téte nue ; au-dessous, deux ailes. Cornaline.

210. Sapor Ier. Buste de profil, diadémé. Légende pehlvie.
Grenat.

211. Sapor Ier. Buste de profil, la tête nue, vêtu du manteau constellé. Légende pehlvie.
Sceau annulaire, hématite rougeâtre.

212. Varahran II. Buste de profil, tête nue.
Sardoine.

213. Varahran II. Buste de profil, la tête nue. Légende pehlvie.
Cornaline.

214. Varahran II. Buste de profil, la tête nue, entre le soleil et le croissant. Au revers, un lion passant, surmonté d'un scorpion.
Pâte de verre bleue.

215. Ardeschir II. Buste de profil, coiffé de la tiare ronde.
Cornaline.

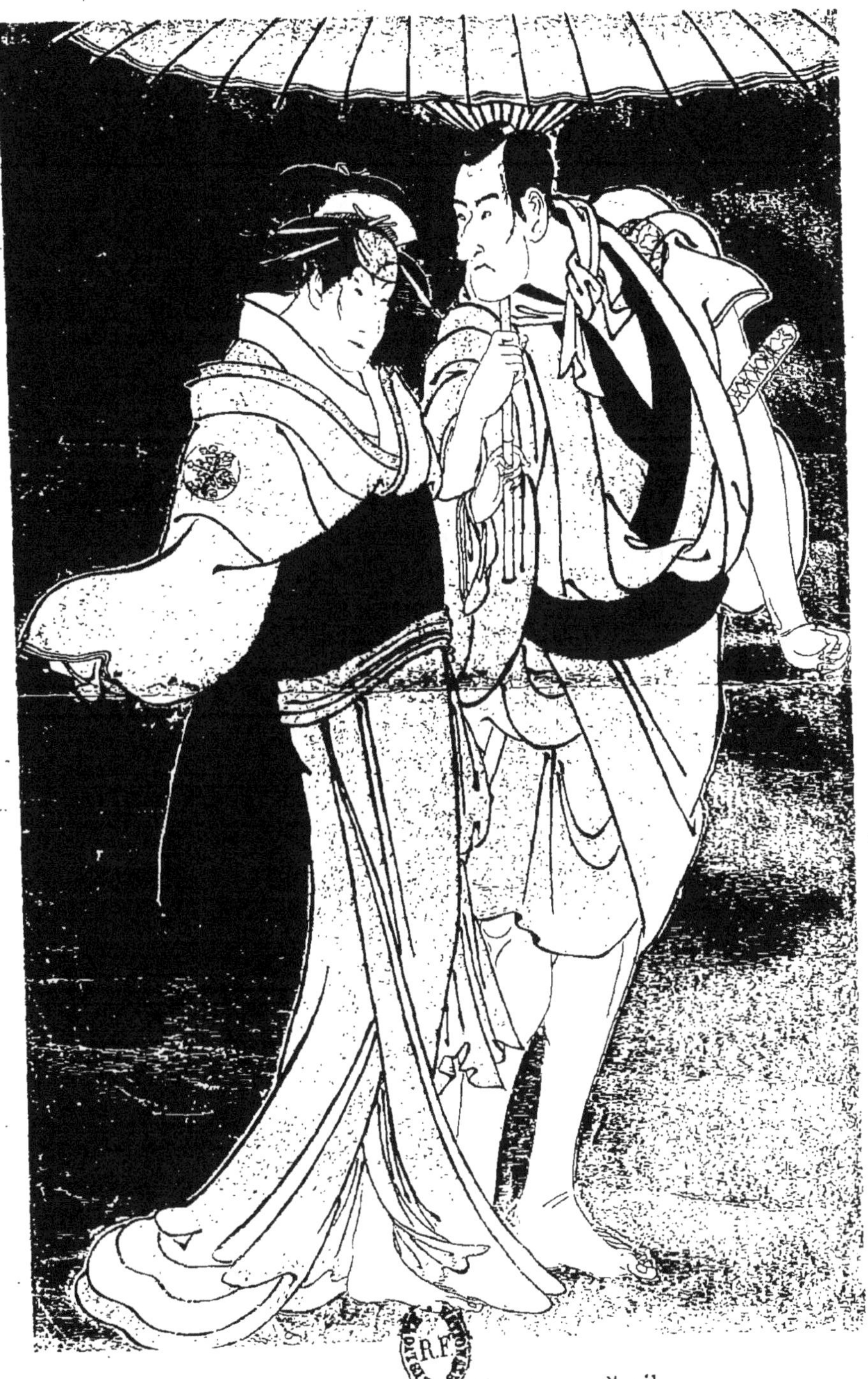

SHARAKU. — Le départ pour l'exil.

Phototypie Daniel Jacomet.

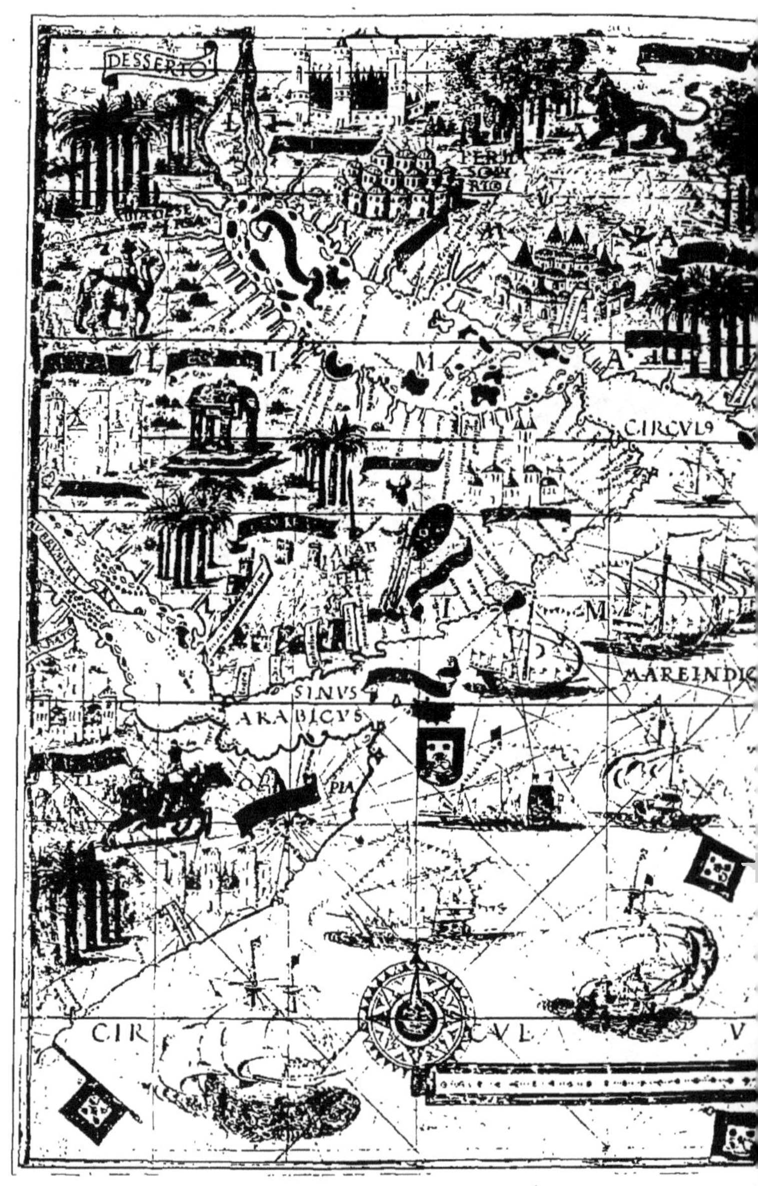

Carte de l'Arabie e

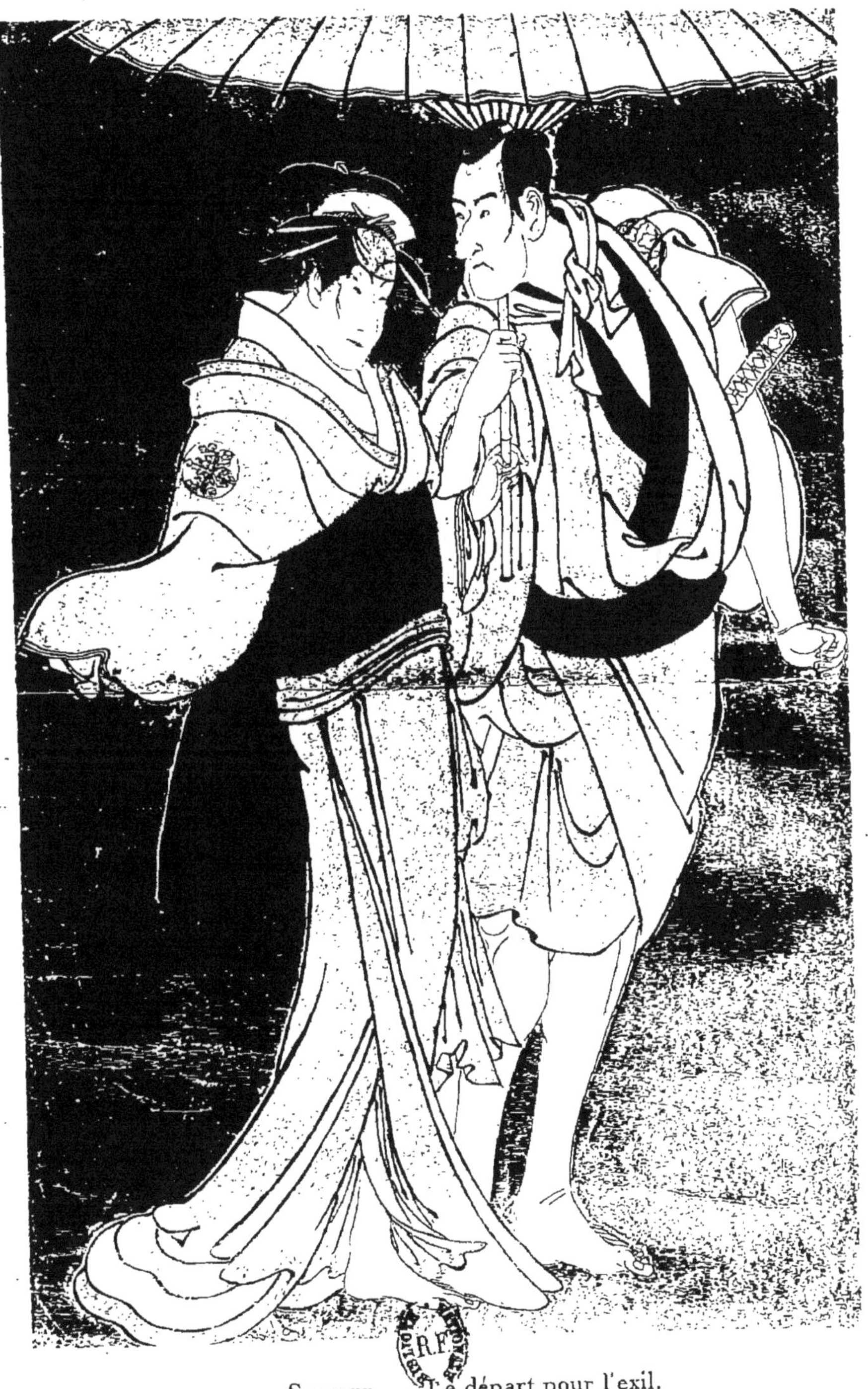

SHARAKU. — Le départ pour l'exil.

Phototypie Daniel Jacomet.

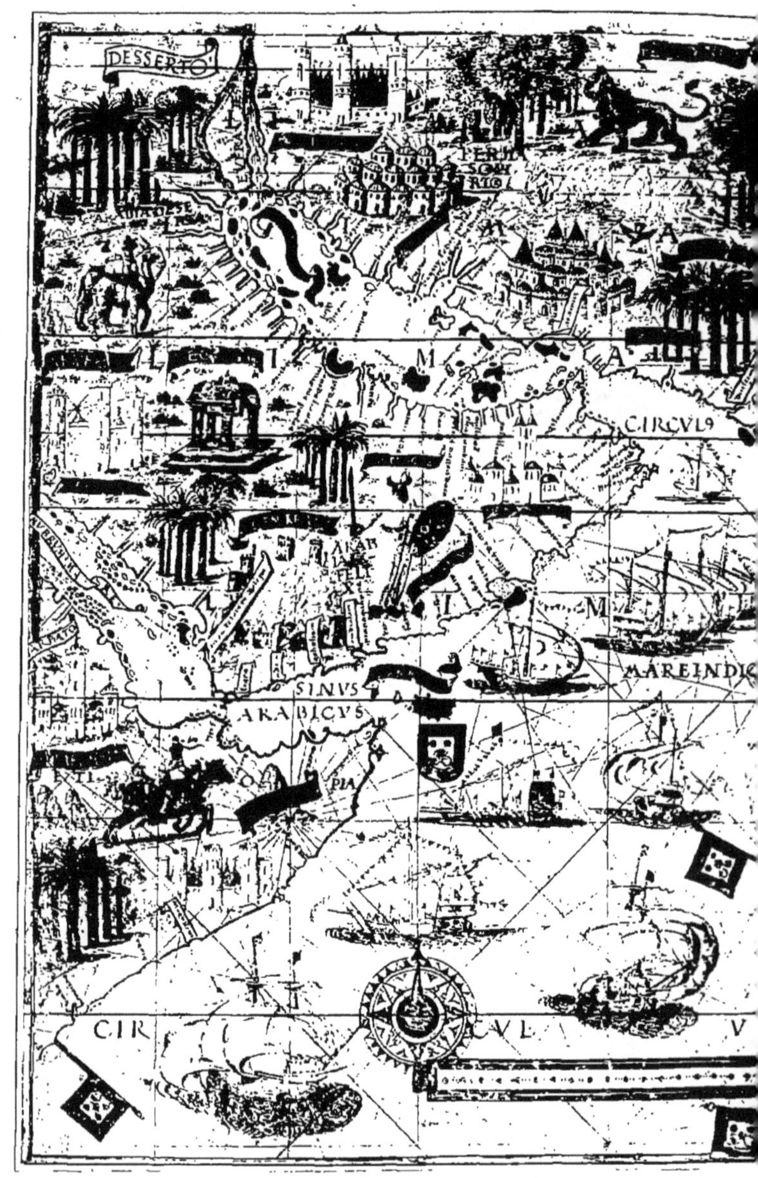

Carte de l'Arabie e

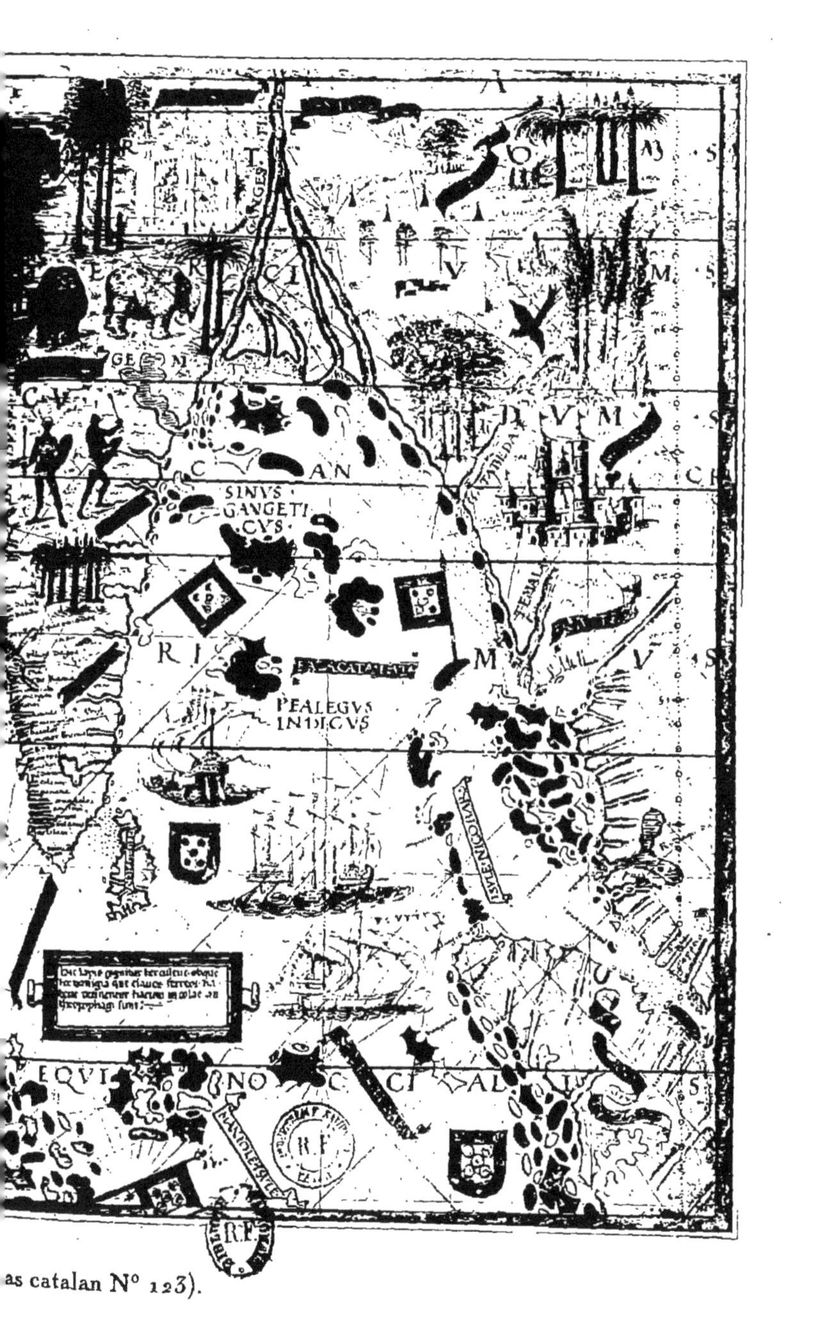

as catalan N° 123).

216. Sapor III. Buste de profil, vêtu du manteau constellé. Légende pehlvie.

Sceau annulaire, jaspe fleuri.

217. Chosroès Ier. Buste de profil, la tête nue. Légende pehlvie.

Cornaline. Admirable spécimen de l'art sassanide.

218. Chosroès Ier. Buste de profil, diadémé.

Cornaline.

219. Chosroès Ier. Buste de profil, la tête nue, vêtu du manteau constellé. Légende pehlvie.

Cône perforé, agate cendrée.

220. Chosroès Ier. Buste de profil; derrière la tête, astre et croissant. Légende pehlvie.

Cornaline.

221. Chosroès Ier. Buste de profil, coiffé de la tiare ronde, paré d'un collier et de pendants d'oreilles, tenant à la main le *barsom*, faisceau de baguettes rituel. Légende pehlvie.

Cône perforé, sardoine.

222. Chosroès Ier. Le roi, la tête nue, monté sur un cheval richement carapaçonné, marchant au pas vers la gauche. Légende pehlvie.

Améthyste.

223. Chosroès Ier. Buste de profil, la tête nue. Légende pehlvie.

Calcédoine blonde veinée

224. Chosroès Ier. Buste de profil.

Améthyste.

225. Chosroès II. Buste diadémé, de profil, paré de deux colliers à pendentifs, et d'un large pendant d'oreille. Légende pehlvie.

Cornaline.

226. Rois sassanides incertains.

Buste de profil ; derrière, une fleur.

Sceau annulaire, calcédoine.

227. Buste de face.

Cône perforé, cornaline

228. Buste de profil. Légende pehlvie.

Agate rubanée, fragment.

229. Buste de profil, sur deux ailes.

Grenat.

230. Buste de face. On aperçoit les extrémités du *kosti*, la ceinture sacrée. Légende pehlvie.

Cornaline.

231. **La déesse Anaïtis.** Elle est vêtue d'une tunique transparente, coiffée du globe et du croissant, et tient une fleur ouverte. Devant elle, un astre et un croissant. Légende pehlvie.

Sardonyx.

232. **Anaïtis.** Elle est à demi-nue, et tient d'une main un sceptre, et de l'autre un objet de toilette. Légende pehlvie.

Grenat.

233. **Le marticoras.**

Agate rubanée.

234. **Ormuzd.** Debout sur son char, il étouffe un lion et un serpent ; au dessous, quatre mages en adoration.

Jaspe sanguin.

235. **Ormuzd.** Buste du dieu, entouré de flammes, surmontant un pyrée. Longue légende pehlvie, en deux lignes circulaires.

Sceau annulaire, agate veinée.

236. **Ormuzd.** Buste de profil, avec une coiflure formée d'une tête de griffon en cimier et d'une hure de sanglier par derrière. Légende pehlvie.

Sceau annulaire, agate-calcédoine.

237. Ormuzd. Oiseau fantastique, dont le corps est formé d'une tête humaine barbue, à laquelle sont associées une tête de griffon et une hure de sanglier. Devant, une palme.

Sceau annulaire guilloché, sardoine.

238. Lion en marche. Au dessus, un scorpion. Légende pehlvie.
Sardonyx à trois couches

239. Tête de lion. Elle est munie de cornes de moufflon, et posée sur deux ailes. Légende pehlvie..

Cône, calcédoine nébuleuse

240. Taureau ailé, à face humaine.

Calcédoine.

241. Zébu. Devant le poitrail, un croissant, Légende pehlvie

Calcédoine blonde.

242. Aigle et Aiglon.

Calcédoine blonde.

243. Corbeau perché sur un bubale.

Sceau annulaire, calcédoine brune.

244. Scène de chasse. Personnage debout, luttant contre deux lions dressés sur leurs pattes de derrière. Légende pehlvie.

Calcédoine.

245 Cavalier à la chasse. Le cheval est lancé au galop, à la poursuite d'une antilope ; le cavalier tire de l'arc ; sous le cheval, un bouquetin et un cerf ; au dessus, signes astraux. Légende pehlvie au pourtour.

Calcédoine brune veinée.

246. Main ailée. Chaque doigt est surmonté d'un oiseau. Légende pehlvie.

Sceau annulaire, calcédoine blanche.

247. Le Hom (arbre sacré).

Sceau annulaire, agate rubanée.

248. **Mobed sacrifiant.** Derrière le mobed, un lion
Agate rubanée.

249. **Divinité** à quatre têtes humaines.
Cône, agate rubanée

250. **Divinité féminine.** Elle est drapée, tenant un fleuron, debout sous une arche soutenue par quatre colonnes.
Sceau.

251. **Mobed.** Il est debout entre un autel et un bouquetin .Légende pehlvie.
Cornaline.

252. **Monnaies des premiers khalifes.**

252-254. Dinars de type byzantin. Ces monnaies, d'une très grande rareté, reproduisent l'effigie des empereurs byzantins. La potence de la croix a été remplacée, au revers, par une sphère. (VIIe siècle de notre ère.)

255. Dinar de type arabe. (696 après J.-C.).

256-257. Pièces d'argent de type sassanide. (VIIe siècle).

258. Dirhem de type arabe. (660 après. J.-C.). C'est la plus ancienne pièce frappée au type arabe.

259-261. **Monnaies de l'Espagne et du Maroc.**

259. Grenade. (XIVe siècle après J.-C.).

260-261. Maroc. (XIVe et XVIIe siècles).

262-278. **Monnaies des dynasties turcomanes** (XIIe et XIIIe siècles).

262-263. Seldjoukides.

264. Danishmendites.

265-266. Zenguides.

267-276. Ortokites.

277-278. Atabeks d'Arbel.

Les types de cette curieuse série ont été empruntés en général aux byzantins (en particulier les n°s 271 à 274) et même à l'antiquité (n° 270).

279-287. Monnaies et médailles turques.

279-282. Monnaies d'or, (XVIIe et XVIIIe siècles).

283-287. Médailles d'or, (XVIIIe siècle).

288-292. Monnaies des Mongols.

288. Turakina, belle-fille de Gingis-Khan, régente, (1241-1246).

289-290. Grands Kaans, (1304 et 1310).

291-292. Mongols de Perse, (XIIIe siècle).

293-315. Monnaies des Grands Mogols.

293-294. Akbar, (1556-1605).

295-297. Jahangir, (1605-1627). Monnaies à l'effigie de l'empereur. Jahangir est le seul souverain musulman qui ait fait frapper des pièces portant son effigie personnelle ; on remarquera qu'il a tenu à y figurer un verre à la main, par allusion à ses habitudes. En effet, Jahangir, comme la plupart des membres de sa famille, s'adonnait à la boisson.

298-310. Monnaies d'or au signe du zodiaque. Ces monnaies, d'un style remarquable, ont été frappées à Agrah.

311-315. Jahangir, Monnaies d'argent.

316-318. Monnaies de l'Inde Brahmanique.

319. Montre du Sultan Nour-ad-Din (1159-1160).

Cadran solaire portatif, servant à déterminer les heures à la latitude d'Alep et de Damas, dont Noûr-ad-dîn était sultan.

320-337. Monnaies chinoises.

320-321. Monnaies-bêches, à manche creux, (VIIe au IIIe siècle avant J.-C.).

Les monnaies-bêches sont probablement les plus anciennes qui aient été en usage en Chine. Comme les autres monnaies de l'époque primitive, elles empruntent leur forme à un objet usuel.

322-323. Monnaies-poids de l'Etat de Wei (vers 375 avant J.-C.).

324-325. Monnaies dites Pou-ho. (VIe au IIIe siècle avant J.-C.).

326-327. Monnaies-couteaux anciennes. (VIIe au IIe siècle avant J.-C.)

328-329. Monnaies-couteaux des Han. (7 avant J.-C.).

330. Monnaie ronde (Ier siècle avant J.C.).

331-334. Sapèques (du Ier au XIIIe siècle après J.-C.).

335. Lingot d'argent.

336. Lingot d'or.

Avant l'apparition en Chine, de l'or et de l'argent monnayés, ces métaux étaient utilisés dans le commerce sous forme de lingots portant des marques de garantie privées.

337. Billet de banque de Hong-Wou, premier empereur de la dynastie des Ming (1368-1398).

338-353. Monnaies et médailles japonnaises.

338. Médaille d'or portant les signes du zodiaque chinois, (XVIe siècle). Cette médaille pouvait être utilisée comme monnaie au même titre que les plaques d'or.

339-344. Plaques d'or (XVIe au XIXe siècle).

345-348. Petites pièces d'or frappées (XVIIIe et XIXe siècles).

349. Plaque d'argent (XVIIe siècle).

350. Lingot d'argent (1837).

351. Pièce d'argent frappée (1772).

352. Eda sen. Série de monnaies de bronze coulées et non détachées (1736).

353. Médaille de bronze représentant Dai ko ku, dieu de la richesse. Moyen-âge.

354. Talisman arabe.

Le roi Salomon, la couronne en tête, assis sur un trône, à la mode orientale ; au-dessus de sa tête, les démons et les génies ; à ses pieds, les hommes et les animaux qui lui sont soumis ; à droite, vole vers lui la huppe, qui lui sert de messager dans ses entretiens avec Balkis, reine de Saba ; à gauche, on lit *Soliman* ; à droite, *fils de David* ; autour, dans une bordure servant de cadre, le *verset du Trône.*

355, Talisman arabe en forme de cœur.

Dans un carré, sont inscrits sur quatre lignes les chiffres arabes autour, guirlande de feuillage.

356. Talisman arabe.

Trois légendes concentriques y sont inscrites : la légende du centre en relief : *Dieu, Mahomet, Ali, notre ressource*; la légende intérieure, gravée en creux, se compose de versets du Coran ; la légende marginale comprend le célèbre *verset du Trône* (sourateII, 256.)

Agate blonde en forme de cœur.

357. Intaille persane.

Lion passant parmi des fleurs. En haut, légende sémitique

Cornaline.

358-361. Intailles de l'Inde.

358. Personnage debout barbu, diadémé, vêtu d'un costume serré à la taille ; le vêtement des jambes rappelle les *anaxyrides* perses. Devant, en caractères kharoshti ou bactriens, le nom du possesseur du cachet : *Théodamas*.

Scarabéoïde.

359. Déesse lunaire (Tchandra) debout de profil, tenant une couronne ; elle porte une longue tunique, et tient d'une main le bout de son voile ; sa chevelure, que surmonte un croissant, est liée d'un long ruban à trois pendants. Dans le champ, légende pehlvie. Gravure contemporaine de la fin de l'empire sassanide.

Hyacinthe convexe.

360. Buste de femme, de profil, les cheveux nattés et arrangés en chignon ; d'une main elle tient une fleur devant sa poitrine. Audessous, une inscription en caractères devanagari.

Cristal de roche

361. Cachet ovoïde, portant une inscription en carctères gupta (dérivés du sanscrit), VIIe siècle après J.-C. Gemme trouvée à Afrascal (Turkestan).

Grenat.

362. Le Grand Mogol Chah Djihan, tuant un lion.

Camée serti dans une monture en or émaillé, simulant des pétales de fleurs disposés en rayons. Travail persan, XVIIe siècle.

Le Grand Mogol est représenté de profil, tuant d'un coup de sabre un lion vu de face, qui dévore un homme terrassé. Il porte une coiffure plate à aigrette ; sa longue tunique est serrée à la taille par une ceinture où est passé un poignard. L'autre personnage est un Hindou coiffé d'un turban. Sous les pieds de Chah Djihan, une inscription en caractères persans nous donne le nom de l'artiste : Kan Atem. Derrière les épaules du prince, on lit : *Portrait du second Sahib Kiran, Chah Djihan, empereur victorieux.* Chah Djihan régnait de 1628 à 1658.

363. **Pièce d'échiquier, dite de Charlemagne.**

Ce précieux objet d'ivoire a fait partie d'un ensemble conservé jadis dans le trésor de Saint-Denis, et connu sous le nom d'échiquier de Charlemagne. La tradition veut en effet que l'empereur ait reçu ce présent du khalife Haroûn-al-Raschid. Plusieurs pièces de ce jeu subsistaient encore au XVIIe siècle, il n'en reste plus qu'une aujourd'hui. Elle représente un roi hindou accroupi dans le howdah sur un éléphant, entouré d'une garde de cavaliers. Le cornac était juché sur la tête de l'éléphant, mais il a été cassé au cours des temps. Sur la trompe, on distingue un acrobate, la tête en bas, les mains sur les défenses. La galerie du siège est ornée de huit guerriers à pied. Sous la base de ce petit monument, on lit une inscription en caractères coufiques, remontant à l'époque carolingienne, qui a été traduite ainsi : *Ouvrage de Iousouf-al-Nahili.* Voici ce que disait à ce sujet Dom Doublet, en 1625 : « L'Empereur et Roy de France Saint Charlemagne a donné au Thrésor de Sainct-Denys un jeu d'eschets, avec le tablier, le tout d'ivoire ; iceux eschets, hauts d'une paume, fort estimés ; ledict tablier et une partie des eschets ont été perdus par succession du temps, et est bien vraysemblable qu'ils ont esté apportez de l'Orient ; et sous les gros eschets il y a des caractères arabesques. »

364. **Masque de bronze**, représentant un roi de l'Inde, découvert à Peschawar, entre Caboul et Attock, près du haut Indus, par le général Court (1826).

365 **Deux plaques de ceinturon**, carrées, formant boucles et reliées par un crochet en forme de tête d'animal (le second crochet est brisé). Elles sont découpées à jour ; au centre deux animaux (cerfs) détournant la tête. Le pourtour des deux plaques est décoré de motifs niellés.

IMPRIMÉS, CARTES, ETC...

366. **Vue de Jérusalem et carte de la Terre Sainte.**

BREYDENBACH (Bernard de). — *Saintes pérégrinations de Jérusalem et des lieux prochains.* [Tiré du latin de Bernard de Breydenbach par frère Nicole LE HUEN]. — Lyon, M. Topie de Pymont, 1488, in-fol.

Les figures et les cartes sont reproduites d'après l'édition de 1486 faite à Mayence. Elles ont été dessinées par Benwich, qui accompagna Bernard de Breydenbach dans ses pérégrinations.

367. **Derviches, à Damas.**

THEVET D'ANGOULESME (F. André). — *Cosmographie de Levant.*— Lion, I. de Tournes, 1556, in-4°.

« Je vis aussi en ladite ville de Damas plusieurs Turqs qui mènent une vie merveilleusement austère, et qui plus semble brutalle qu'humeine, lesquels ils apellent *Dervislas*... Ils portent à leur col grosses cheines de fer... Ils ont le corps tout descopé et cicatrisé à coups de rasoirs... Ils n'ont ne maisons ne possessions aucunes ains vivent des aumones. »

368. **« Delly, qui signifie fol hardy. »**

NICOLAY D'ARFEUILLE (Nicolas de). — *Les Navigations, pérégrinations et voyages, faits en la Turquie, par Nicolas de Nicolay Daulphinoys, Seigneur d'Arfeuille, valet de chambre et géographe ordinaire du Roy de France, contenants plusieurs singularitéz que l'Autheur y a veu et observé.* — Anvers, 1577, in-8°.

En tête de l'ouvrage, se trouvent une dédicace à Charles IX, en date de Moulins, 1er mai 1567, et une élégie de P. de Ronsard à N. de Nicolay, à propos

« De ces peuples loingtains que Charles ce grand Roy
Doit surmonter un jour, et leur donner sa Loy. »

369 **Frontispice représentant un sultan et des scènes de guerre.**

BRY (Théodore de). — *Vitae et icones sultanorum Turcicorum, principum Persarum, aliorumque illustrium heroüm... ad vivum ex antiquis metallis effictae... a Ja . Jac. Boissardo Vesuntino.* — Francofurti ad Mœnum, Th. de Bry, 1596, in-4°.

370. **Vue de Jérusalem, par Jacques Callot.**

AMICO DA GALLIPOLI (R. P. F. Bernardino). — *Trattato delle Piante et Immagini de Sacri Edifizi di Terra Santa disegnate in Ierusalemme.* — Firenza, P. Cecconcelli, 1620. In-4°.

« Durant son séjour à Florence, — dit son savant biographe M. Edmond BRUWAERT, — Jacques Callot reçut en 1618 de Christine de Lorraine la commande de 47 vues et plans de Jérusalem pour les Franciscains, » les 47 gravures précisément qui ornent l'ouvrage du P. Bernardino Amico.

371. **« Portraict du sieur de la Boullaye-le-Gouz en habit Levantin connu en Asie et Affrique sous le nom d'Ibrahim-Beg, et en Europe sous celuy de Voyageur Catholique. »**

LA BOULLAYE-LE-GOUZ (François de). — *Les voyages et observations du Sieur de La Boullaye-Le-Gouz, gentil-homme angevin.* — Paris, G. Clousier, 1653, in 4°.

« Je n'ay voyagé que pour voir et prattiquer les plus habilles gens des lieux où le sort m'a porté,... les Rabis de Smirne, d'Hispahaam, Alep et le Kaire, » etc. La Boullaye revint de l'Inde costumé en Persan, et son retour à Baugé en Anjou dans ce costume exotique produisit une énorme sensation. Il rapportait, entre autres dessins, celui des ruines de la tour de Babel et la copie d'une page d'hiéroglyphes tracés sur un papyrus égyptien.

372. **« Veuë de la ville d'Alep et de son château. »**

GRAVIER D'ORTIÈRES. — *Estat des places que les princes mahométans possèdent sur les costes de la mer Méditerranée et dont les plans ont esté levez par ordre du Roy à la faveur de la visitte des Eschelles de Levant, que Sa Majesté a fait faire les années* 1685, 1686 *et* 1687, *avec les projets pour y faire descente et s'en rendre maistres.* — Manuscrit in-folio.

Excédé des pirateries des barbaresques qui trouvaient un refuge dans les ports turcs et que de multiples expéditions navales n'avaient pu arrêter, Louis XIV envisageait des hostilités contre la Sublime Porte, lorsque la guerre de la Ligue d'Augsbourg donna un autre but à sa politique.

373. « Mont Ararat veû des trois Eglises. »

PITTON DE TOURNEFORT. — *Relation d'un voyage du Levant, fait par ordre du Roy... avec les plans des villes et des lieux considérables... et l'explication des médailles et des monumens antiques. Enrichie de descriptions et de figures d'un grand nombre de plantes rares.* — Paris, Imprimerie Royale, 1717, 2 vol. in 4°.

« Académicien pensionnaire de l'Académie Royale des sciences, Docteur en Médecine de la Faculté de Paris, Professeur en Botanique au Jardin du Roy, Lecteur et Professeur en Médecine au Collège Royal, » Tournefort était agité du « démon de la Botanique. » — « Il y a trop longtemps que nous nous promenons dans le Paradis Terrestre, écrivait-il à Pontchartrain, pour ne pas vous rendre compte de nos découvertes.. Qui est-ce qui se seroit attendu de voir des *Orties*, de l'*Eclaire* et du *Melilot* sur le chemin du Paradis Terrestre, » que Tournefort situe aux abords du Mont-Ararat.

373. « Palmyre. »

375. « Palmyra alias Tadmor. »

LE BRUYN (Corneille). — *Voyage au Levant, c'est-à-dire, dans les principaux endroits de l'Asie Mineure, dans les isles de Chio, Rhodes, Chypre, etc. De même que dans les plus considérables villes d'Egypte, Syrie et Terre Sainte, enrichi d'un grand nombre de figures en taille-douce, où sont représentées les plus célèbres villes.* — Paris, J.-B.-C. Bauche, 1725. 2 vol. in-4°.

Dans une oasis du vaste désert qui sépare la Syrie de l'Arabie, Palmyre était à l'époque romaine un centre de négoce entre la Méditerranée et le golfe Persique. Corneille Le Bruyn donne la vue de ses ruines d'après le dessin annexé à la dissertation de William Halifax (1695) et d'après « un tableau dessiné sur le lieu même, que le sieur Henri Lub, revenu depuis peu d'Alep à Amsterdam, en a apporté. »

376. « **Dames du Serrail du Grand Seigneur, desquelles on m'a fourni quelques desseins.** »

Même ouvrage.

« Quelques-unes ont sur la tête un *kalpak* ou bonnet fourré, d'autres une grande platine ronde à la manière des Juifves, aux oreilles de gros bouquets de plumes noires. Quelques-unes ont la tête liée d'un *Tarpous*, auquel elles ajoutent plusieurs petites fleurs d'or... et au milieu de chaque fleur quelques pierreries. »

377. « **Osman Pacha, cy devant comte de Bonneval.** »

BONNEVAL (Comte Claude-Alexandre de). — *Mémoires du Comte de Bonneval, ci-devant général d'Infanterie au service de Sa Majesté Impériale et Catholique.* — Londres, 1755, 3 vol. in-12.

Claude-Alexandre comte de Bonneval, dit aussi *le Pacha de Bonneval* (1675-1747), lieutenant de vaisseau, puis colonel d'un régiment sous les ordres de Vendôme, se couvre de gloire comme général autrichien en 1716 à la bataille de Peterwaradin contre les Turcs; puis il passe au service de ceux-ci. Général de l'artillerie ottomane, gouverneur de Caramanie et pacha, il dresse le plan d'une alliance entre la Turquie et la France. Son tombeau se dresse à Péra, au couvent des derviches tourneurs.

378. « **Le grand Emir des Druses, Façardin.** »

PUGET DE S. PIERRE. — *Histoire des Druses, peuple du Liban, formé par une colonie de François.* — Paris, Cailleau, 1763, in-12.

Voici comment Puget de Saint-Pierre justifie son titre. Lors des dernières Croisades, « un Régiment commandé par M. de Dreux, qui faisoit l'arrière garde de l'armée chrétienne, pressé par les troupes légères de l'ennemi, fut obligé de gagner des montagnes, pour échapper à la servitude... De collines en collines, les François parvinrent jusqu'au Mont Liban. Là, situés dans le voisinage des Druses,...

une haine égale pour le même ennemi étant pour eux un motif d'alliance, ils ne firent plus bientôt qu'un seul et même peuple. »

379. Femme turque fumant sur le sopha.

GRASSET DE SAINT-SAUVEUR (Jacques). — *Costumes civils actuels de tous les peuples connus, dessinés d'après nature, gravés et coloriés.* — Paris, 1784, 4 vol. petit in-4°.

380. Grand Sultan.

Recueil des différents costumes des principaux officiers et magistrats de la Porte, et des peuples sujets de l'Empire Ottoman, tels que les Grecs, les Arméniens, les Arabes, les Egyptiens, les Macédoniens, les Juifs, etc. — Paris, Onfroy (s. d.), in-folio.

Superbe exemplaire de gravures en couleurs.

381. Officiers du sultan.

Costume de la Turquie, représenté en soixante gravures, avec des explications en anglois et en françois. — Londres, W. Miller, 1802, in-folio.

382. Asie méridionale vers 1516.

Carte représentant l'Asie méridionale entre la mer Rouge et la presqu'île de Malacca et faisant partie d'un atlas exécuté vers 1516 par les célèbres cartographes portugais Pedro et Jorges REINEL. Les petites scènes d'indigènes, les paysages, les animaux, les villes et les navires qui ornent cette carte sont dignes des meilleurs miniaturistes du XVIe siècle.

383. L'énigme d'un roman qui a pour théâtre l'Inde.

GOMEZ (Madame de). — *Crémentine reine de Sanga, histoire indienne.* — Paris, P. Prault 1727, 2 vol. in-12.

«Je n'auroi pû tirer les lumières nécessaires à mon dessein sans le secours des mémoires d'un Gentilhomme François, natif de la Province de Languedoc, qui se trouvant esclave dans ces contrées, a fait une juste relation de toutes les guerres que je décris, où il a joint les portraits des Princes, avec le plan des villes. » Chargé par « François Ier de faire alliance avec quelque roy des Indes orientales, » Georges de Virgile, qui montait « *le Dobryego*, nom bizarre, fut échouer sur les Côtes du golfe de Cambaye ; tout y périt, à la réserve de Virgile et de soixante matelots ou soldats qui furent faits esclaves. » Esclave du gouverneur, puis du roi de Cambaye, Virgile conquiert leur faveur en bâtissant un palais à l'européenne, sur les bords du golfe, puis des forteresses. Libéré au bout de quelques années, il regagne la France par Suez et Constantinople, où « M. de la Forest, ambassadeur de France, » se fit conter ses aventures, que nous ne connaissons que par le roman.

Mme de Gomez ne donne aucune date. Mais tous les renseignements recueillis d'autre part corroborent son récit. Un navire de France, le *Grand Anglois* (et *Dobryego* est peut-être *Dover-Iago*, «le Jacques de Douvres») échoua bien dans le golfe de Cambaye en 1526 ; les matelots tombèrent en esclavage, nous avons leur supplique au vice-roi portugais de l'Inde ; et Jean de La Forest fut bien ambassadeur près de la Porte de 1535 à 1537, ce qui correspond aux années du séjour de Virgile dans l'Inde. Ses mémoires ont donc existé. Ils étaient en 1727 encore dans une famille portant son nom. Que sont-ils devenus ?

384. Cavalier Persan.

DAULIER-DESLANDES (André). — *Les Beautés de la Perse, où ce qu'il y a de plus beau dans ce Royaume est descrit et dessigné au naturel par le Sieur Daulier Deslandes, Vandomois, avec une relation de quelques aventures maritimes de L[ouis] M[arot] P[ilote] R[éal] D[es] G[alères] D[e] F[rance].* — Paris, G. Clouzier, 1673, in-4°.

385. « Le Festin de Tifflis. »

CHARDIN (Jean). — *Journal du voyage du chevalier Chardin en Perse et aux Indes Orientales par la Mer Noire et par la Colchide.* — Londres, M. Pitt, 1686, in-fol.

Rien de plus palpitant que le récit des aventures de ce fils d'un riche joaillier de la place Dauphine, Jean Chardin (1643-1713). Le commerce des diamants en fit un voyageur avisé et un polyglotte émérite. D'un premier séjour en Perse, il rapporta une foule de renseignements et aussi des vues prises par un habile dessinateur nommé Grelot : il publiait presque aussitôt à Paris, en 1671, le *Récit du couronnement du roi de Perse Soliman III*. Un nouveau voyage en

Perse lui fit traverser la Mingrélie en religieux théatin, ce qui ne l'empêche pas d'être volé d'une partie de ses bijoux ; quatre années de séjour en Perse furent consacrées autant à la géographie qu'au commerce et donnèrent lieu à la publication du beau volume dont le titre est ci-dessus.

386. Portrait de « Johannes Chardin, miles. »

Même ouvrage.

387. « Femme Persienne. »

GRASSET SAINT-SAUVEUR (Jacques). — *Costumes civils actuels...* — Paris, 1784, 4 petits in-4°.

388. « Première vûë de Persépolis. »

LE BRUYN (Corneille). — *Voyages de Corneille Le Brun par la Moscovie, en Perse et aux Indes Orientales, ouvrage enrichi de plus de 320 tailles douces, des plus curieuses, représentant les plus belles vuës... et particulièrement celles du fameux palais de Persépolis que les Perses appellent Chelminar, le tout dessiné d'après nature sur les lieux.* — Amsterdam, Wetstein, 1718. 2 vol. in-folio.

Persépolis, ancienne capitale des rois de Perses Achéménides, aujourd'hui dans un désert, comprend des hypogées, des autels du feu, des escaliers gigantesques où dix hommes peuvent monter de front, des ruines de palais, dont celui de Darius, d'immenses bas-reliefs, etc.

389. Miniatures hindoues.

D'après LA BOULLAYE-LE GOUZ. — *Voyages.* — Paris, G. Clousier, 1653, in 4°.

Histoire du fakir « Maedou » et de sa femme « Parouti. »

390. La Cour du Grand Mogol.

BERNIER (François). — *Voyages de François Bernier, docteur en médecine de la Faculté de Montpellier, contenant la Description des Etats du Grand Mogol de l'Hindoustan... où l'on voit comment l'or et l'argent, après avoir circulé dans le monde, passent dans l'Hindoustan, d'où ils ne reviennent plus.* — Amsterdam, 1723, 2 vol. in-12.

Le trône du Grand Mogol ou du moins l'un d'eux, le trône du

Paon, « de l'artifice d'un François, qui étoit un merveilleux ouvrier, » était l'Œuvre d'un orfèvre bordelais Augustin Hiriart, qui le décrit ainsi dans une lettre adressée de Lahore, le 27 avril 1625, à la cour de France : « J'ai donné le dessein de faire pour le roi un trône réal, où il s'assit une fois l'année 9 jours qu'ils appellent nouveaux jours : lorsque le soleil entre au signe d'Aries, lors commencent-ils l'année. Ce trône est supporté par quatre lions pesants 150 quintaux d'argent couvers de feuilles d'or battu, et la couverte supportée par 12 colonnes, où il y a 12 mille onces d'or émaillé. A la couverte qui est faite en dôme, j'ai couvert de quatre mille de mes pierres artificielles. A l'échelle, qui est de 4 degréz, je feis 4 suisses comme ceux qui sont à la porte du Louvre, l'allebarde à la main, mais la panse vuide de vin. » Cette lettre, d'après Gabriel Naudé, était écrite sur du coton rouge et enfermée dans un long étui en roseaux. On en conserve une copie à la Bibliothèque Nationale (Cinq-cents Colbert 483, fol. 436).

391-393. Portraits des trois grands hommes qui valurent à la France un empire dans l'Inde.

391. Bertrand-François MAHÉ DE LA BOURDONNAIS, gouverneur des Isles de France et de Bourbon, commandant général des vaisseaux de la Compagnie des Indes (1699-1753), vainqueur de la flotte anglaise à Negapatnam, força Madras à capituler (1746) ;

392. Joseph-François DUPLEIX, commandant général des établissements français dans l'Inde (1697-1763), chercha à asseoir la domination française dans la presqu'île de l'Inde, notamment dans le Carnatic et le Dekhan ;

393. Pierre-André, bailli de SUFFREN de Saint-Tropez, vice-amiral de France (1727-1788), commandant l'escadre française dans les mers de l'Inde.

394. Carte des Indes faite par la Bourdonnais pendant sa détention à la Bastille (2 mars 1748-18 août 1750).

Mis au secret, La Bourdonnais écrivit un mémoire pour se justifier des accusations formulées contre lui par Dupleix. Il y joignit une carte du pays où s'étaient passés les événements incriminés. Comme il manquait de tout ce qui était nécessaire pour la dessiner, des

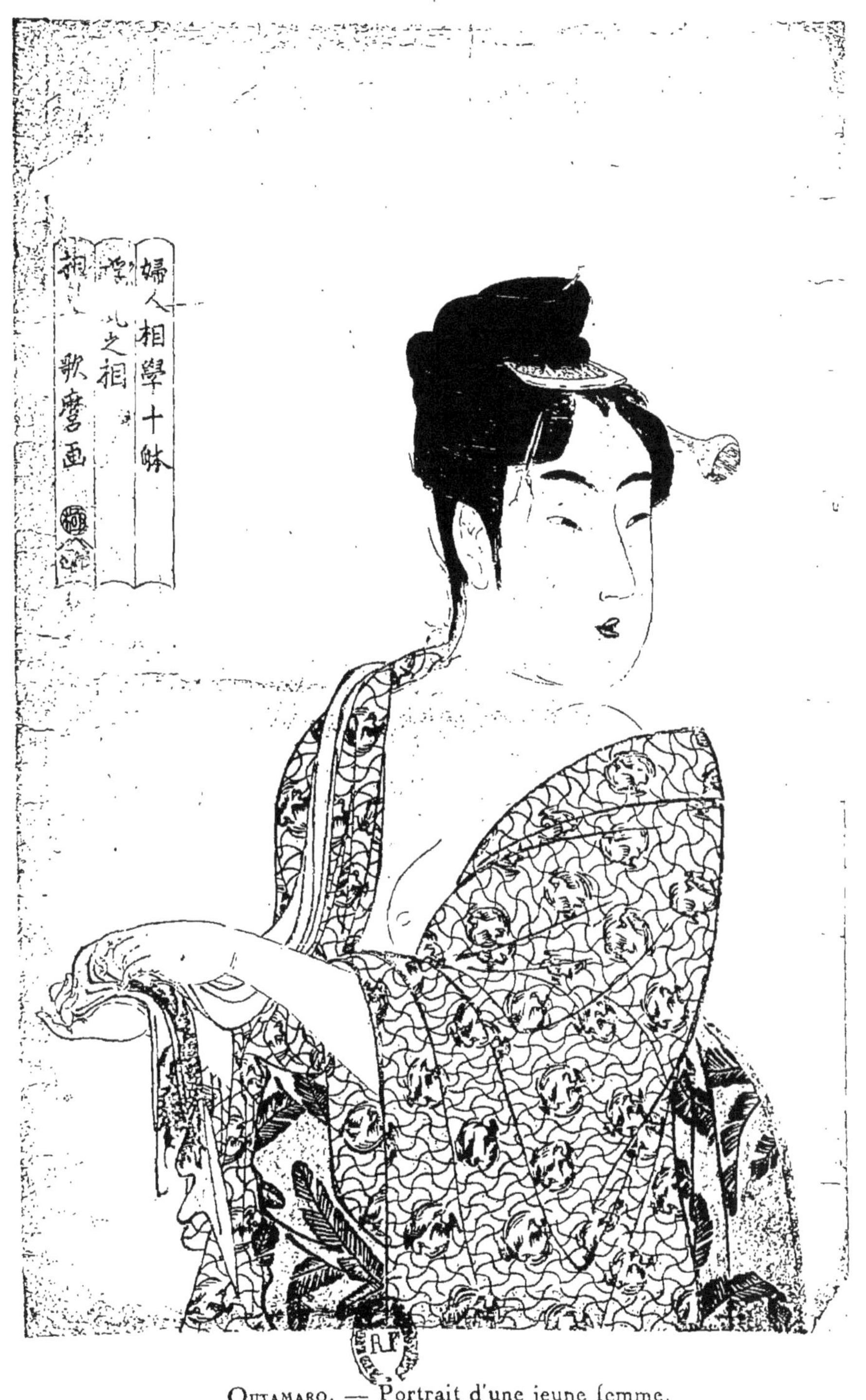

Outamaro. — Portrait d'une jeune femme.

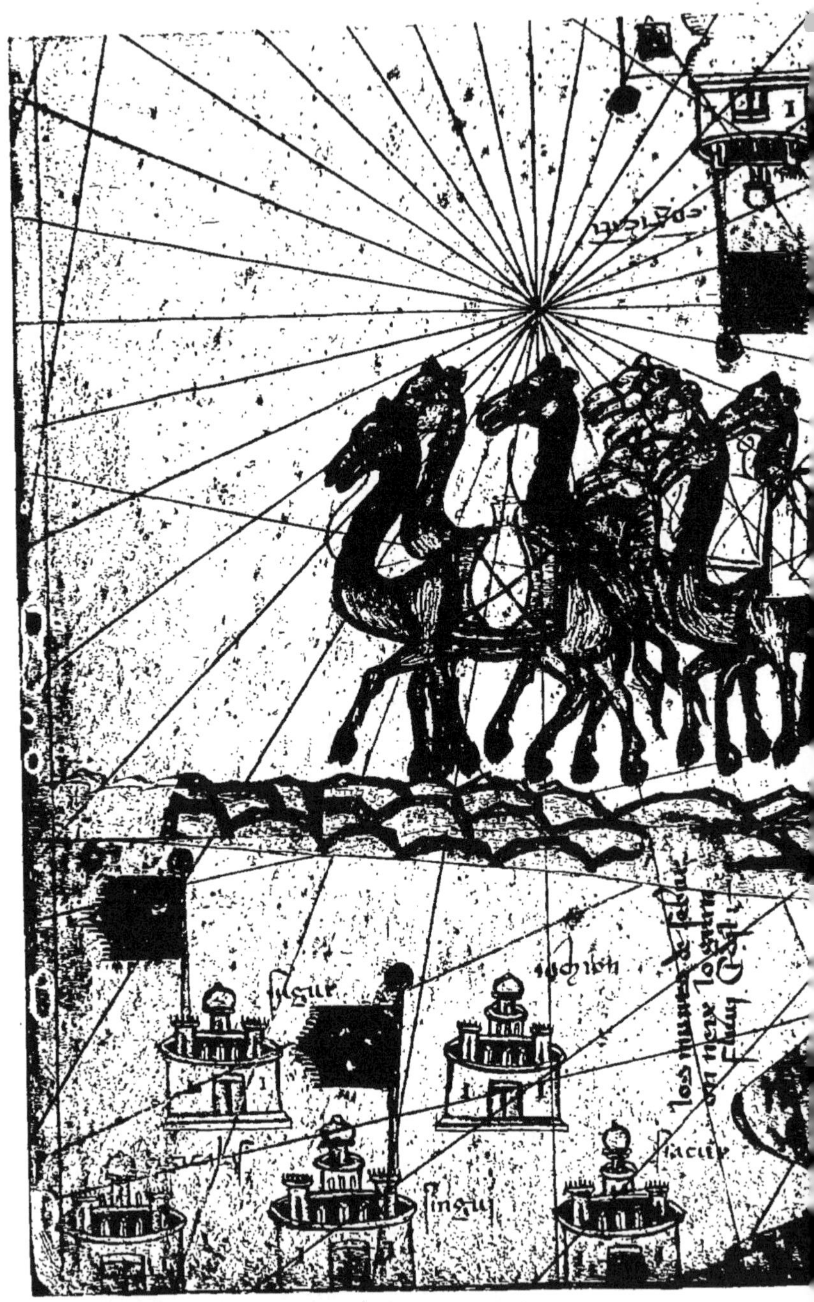

Caravane se rendan

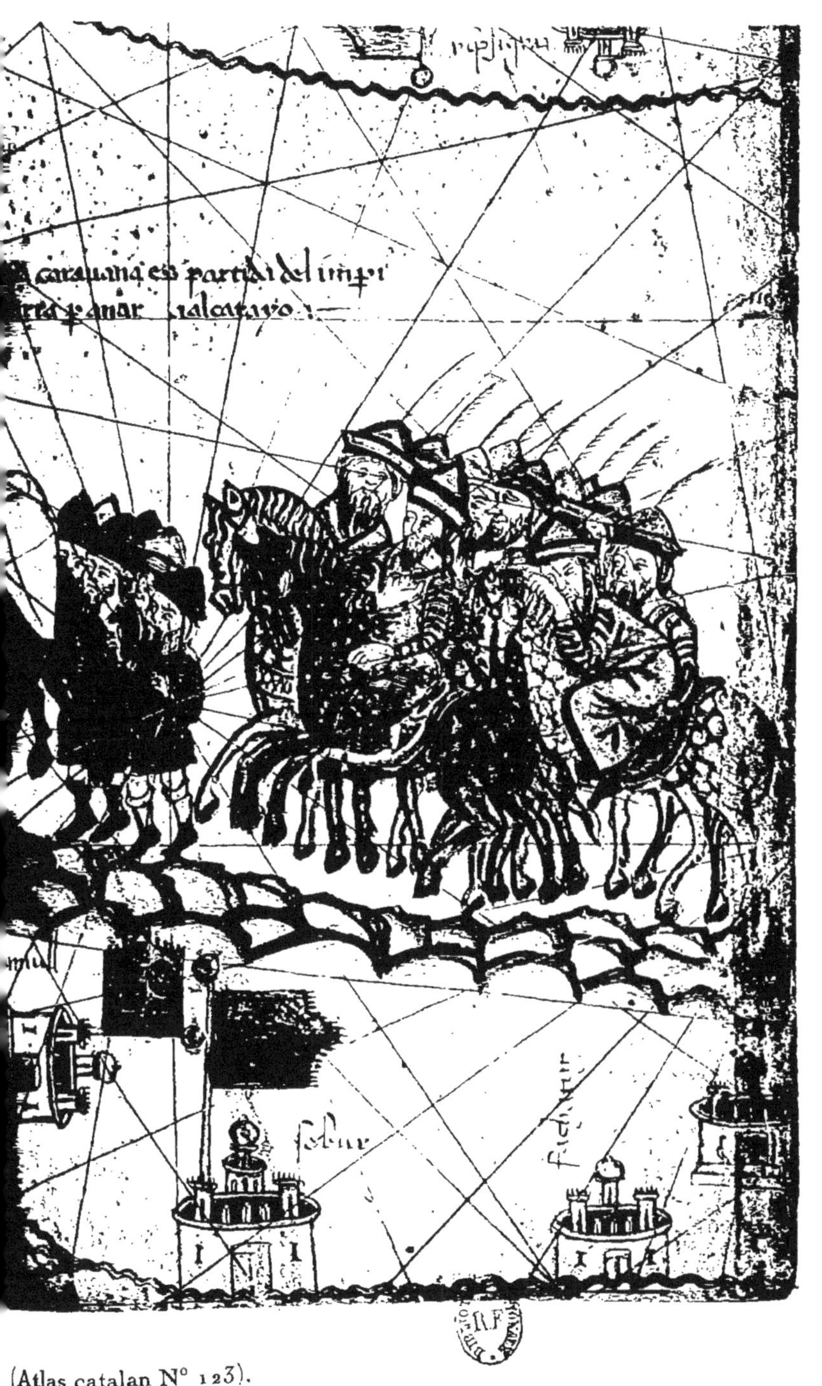

(Atlas catalan N° 123).

mouchoirs gommés avec de l'eau de riz lui tinrent lieu de papier ; son encre fut composée avec de la suie ; du marc de café lui servit de couleur pour tinter les territoires représentés ; et un sou recourbé et fixé dans un morceau de bois devint une plume entre ses mains. Après avoir lu ce mémoire, les commissaires chargés de l'examen de l'affaire proclamèrent solennellement l'innocence du héros de Madras. La présente carte fut cédée à la section de géographie, le 9 avril 1835, par son petit-fils Louis Charles Mahé de La Bourdonnais.

395. Portrait du nabab René Madec (1736-1784).

BARBÉ (Emile). — *Le nabab René Madec.* — Paris, F. Alcan, 1894, in-8°.

Né à Quimper-Corentin, général au service du Grand Mogol, commandant à trois provinces, Madec fut chargé par le Mogol Chah-Allam II d'offrir à Louis XVI la cession du delta de l'Inde, contre l'envoi d'un corps de troupes (1775). La bégum, sa femme, était née à Delhi.

396. Relation des missions des évesques françois aux royaumes de Siam, de la Cochinchine, de Camboye, et du Tonkin, etc. — Paris, P. Le Petit..., 1674, in-8°.

A la suite de démarches faites en Europe « de la part des églises du Tonquin, de la Cochinchine et de la Chine » par le Père Jésuite Alexandre de Rhodes, trois évêques, les évêques de Bérythe, Métellopolis et Héliopolis, « partirent successivement de Paris en en 1660, 1661 et 1662... Estant arrivéz à Siam, ville capitale du royaume de mesme nom, ils en trouvèrent le séjour si commode qu'ils prirent résolution d'y établir une de leurs principales résidences et d'y jetter les fondemens d'un séminaire général pour ces églises. »

397. « Représentation du théâtre où l'on joue les comédies pour le divertissement du roy de Tunquin et de sa cour. »

TAVERNIER (J. B.), baron d'Aubonne. — *Recueil de plusieurs relations et traitéz singuliers et curieux : Une relation du Japon ; Relation de ce qui s'est passé en Perse et aux Indes ; Relation nouvelle et singulière du royaume du Tunquin.* — Paris, G. Clouzier, 1679, in-4°.

« A l'âge de vingt-deux ans, — écrit Jean-Baptiste Tavernier qui était né, à Paris en 1605 — j'avais vu les plus belles régions de l'Europe, la France, l'Angleterre, les Pays-Bas, l'Allemagne, la Suisse, la Pologne, la Hongrie et l'Italie, et je parlois raisonnablement les langues qui y ont le plus cours. » De 1638 à 1663, il parcourut la Perse et les Indes jusqu'aux frontières de la Chine, les iles Célèbes, Sumatra et Java. Reçu par les Souverains Orientaux et enrichi par le commerce des pierres précieuses, il rapporta de plus de ses voyages d'intéressantes observations et de précieuses notions géographiques.

398. Navire de plaisance ou « ballon du roy de Siam. »

CHAUMONT (Alexandre, marquis de). — *Relation de l'ambassade de M. le Chevalier de Chaumont à la Cour du roy de Siam.* — Paris, A. Seneuse, 1686, in-12.

A l'instigation de son premier ministre, du grec Constance Phaulcon, le roi de Siam avait député à Louis XIV une ambassade chargée de présents : « Navire d'or, qu'on appelle *Somme*, à la façon chinoise ; flacons d'or, d'ouvrage relevé, du Japon ; dames chinoises, chacune sur un paon, portant entre leurs mains une petite tasse d'argent, les dits paons pouvant par ressort marcher sur une table ; coffres d'argent, relevéz du plus bel ouvrage du Japon ; flacons d'argent avec deux lions dorés pour couverture ; gargoulettes d'argent à la chinoise ; cabinets du Japon, fleurdelizéz par dedans ; cabinets d'écaille de tortue ; paravent de soye sur un fond bleu, de plusieurs oiseaux et fleurs en relief, d'ouvrage fait à Siam ; feuilles de papier en forme de perspective, dans l'une sont toutes les sortes d'oiseaux de la Chine, et dans l'autre, les fleurs ; lanternes de soye à figures, ouvrage fort curieux du Tonquin ; robes de chambre du Japon, d'une beauté extraordinaire, l'une couleur de pourpre et l'autre couleur de feu, » etc., etc..

Le 23 septembre 1685, l'ambassade siamoise était de retour dans le Mé-Nam. Elle était ramenée par l'*Oiseau* et *la Maligne* qui portaient au Siam le chevalier de Chaumont, l'abbé de Choisy et plusieurs missionnaires. La réception des Français fut triomphale. Plus de quarante nations se pressaient pour voir passer, entre deux haies de soldats, les deux ambassadeurs de France et leur suite. Un traité signé le 10 décembre 1685 assura la protection de nos missionnaires et des chrétiens. Et le roi de Siam prit pour amiral le lieutenant de vaisseau de Forbin, qu'un portrait du temps figure avec son uniforme siamois.

399. Réception des Ambassadeurs siamois par Louis XIV.

TACHARD (Le P. Guy). — *Voyage de Siam des Pères Jésuites, envoyéz par le Roy aux Indes et à la Chine, avec leurs observations astronomiques et leurs remarques de physique, de géographie, d'hydrographie et d'histoire.* — Paris, A. Seneuze et Horthemals, 1686, in-4°.

400. « Le Roy monté sur son éléphant. Eléphant avec sa chaise pour la princesse reyne... »

TACHARD (Le P. Guy). — *Voyage de Siam...* — Paris, A. Seneuze et D. Horthemals, 1686, in-4°.

401. Le chevalier de Forbin en amiral siamois.

402. « Vuë du fond du salon de l'audience du palais de Siam. »

Du royaume de Siam, par M. DE LA LOUBÈRE, *envoyé extraordinaire du Roy auprès du Roy de Siam en* 1687 et 1688. — Paris, Vve J.-B. Coignard, 1691, in-8°.

403. « Talapat ou Para-sol des Talapoins. »

Même ouvrage.

« Les Talapoins vivent dans des couvents entourés d'une clôture de bambou. Au milieu du terrain est le temple... et le long de la clôture de bambou, sont rangées les cellules des Talapoins... élevées sur des piliers. »

404. « Les deux époux dans un palanquin, faisant en grand'pompe une promenade. »

SONNERAT. — *Voyage aux Indes Orientales et à la Chine, fait par ordre du Roi, depuis l'année* 1774 *jusqu'à l'année* 1781. *Ouvrage dans lequel on traite des Mœurs, de la Religion, des Sciences et des Arts des Indiens, des Chinois, des Pégouins et des Madégasses.* — Paris, 1782, 2 vol. in-4°.

Avant de recevoir cette mission officielle, le commissaire de la marine Sonnerat, disciple du naturaliste Commerson qu'il avait accompagné pendant trois ans dans l'Océan Indien, avait parcouru les archipels du Pacifique pour enrichir le cabinet d'Histoire naturelle du roi. Buffon lui fut redevable de nombreux renseignements sur la faune et la flore de l'Extrême-Orient.

405. Réception d'un mandarin. Gravure d'Eisen.

De Lo-Looz. — *Les Militaires au-delà du Gange.* — Paris, Bailly, 1770. 2 vol. in-8°.

406. Audience de l'empereur du Japon.

Fr. Caron und Jod. Schouten *Warhaftige Beschreibungen zweyer mächtigen Königreiche Japon und Siam.* — Nürnberg, M. und J. Friedrich Endters, 1663, in-8°.

Fils du résident hollandais d'Hirado, le Bruxellois François Caron conquit sous le pavillon des Pays-Bas les îles de Formose et de Ceylan. Expulsé du royaume du Soleil Levant avec sa femme japonaise et ses cinq enfants, mal récompensé par la Compagnie néerlandaise des Indes, Caron fut attiré par Colbert au service de la France. Et le programme d'une ampleur énorme qu'il traça en 1665 pour nous ouvrir tous les royaumes d'Extrême-Orient, pour nous gagner le grand Mogol, les princes de Golconde et du Bengale, le grand mataran de Java, les empereurs de la Chine et du Japon, coïncida avec la création de notre Compagnie des Indes.

407. « Cam-Hy, empereur de la Chine et de la Tartarie Orientale, âgé de 41 ans et peint à l'âge de 32. »

Le Comte, (Le P. Louis), de la Compagnie de Jésus, Mathématicien du Roy. — *Nouveaux mémoires sur l'état présent de la Chine.* — Paris, J. Anisson, 1696, 2 vol. in-12.

Le P. Le Comte fait ainsi l'historique du « projet d'envoyer des missionnaires mathématiciens jusqu'au bout du monde M. Colbert donna l'ordre qu'on préparast les instruments nécessaires pour un nombre considérable d'observateurs, qu doivent tous se rendre à la Chine, les uns par la Moscovie et la Tartarie, les autres par la Syrie et la Perse, et les derniers par l'Océan, sur les vaisseaux de la Compagnie des Indes. La mort de ce ministre [1683[suspendit quelque temps l'exécution de ce grand dessein, » que Louvois et Seignelay reprirent.

« Le Roy ordonna, il y a dix ans, à six de ses sujets Jésuites, d'aller à la Chine en qualité de ses Mathématiciens... J'eûs le bonheur d'estre de ce nombre ; et nous nous embarquasmes au commencement de l'année 1685 sur le vaisseau qui portoit M. le chevalier de Chaumont, ambassadeur extraordinaire à Siam... Le roy de Siam qui se piquoit d'astrologie, admira la justesse avec laquelle nous luy prédismes une éclipse de lune, et dès lors, il eut la pensée de nous retenir tous. » Le Père Le Comte ne quitta le Siam pour la Chine que le 17 juin 1687, et encore parce que le Père Tachard devait amener de France de nouveaux mathématiciens pour le Siam.

408. « Officier de robe Mandarin du 1er ordre en habit de cérémonie à la tartare selon la saison du petit esté. »

BOUVET (Le P. J.), S. J. — *L'Estat présent de la Chine, en figures, dédié à Monseigneur le Duc et à Madame la Duchesse de Bourgogne.* — Paris, Giffart, 1697, in-fol.

« On imprime quatre fois l'année un catalogue exact de tous ces mandarins [ce qui fait plus de trente-deux mille mandarins], où l'on marque leur nom, leur titre, leur païs, et le temps auquel ils ont été graduéz... Ce qui est merveilleux, c'est que dans une si grande multitude d'officiers, l'ordre est si grand et la subordination si bien gardée, qu'on peut dire qu'il n'y auroit point d'Etat au monde mieux gouverné ni plus heureux, si la conduite et la probité de ces officiers répondoit aux Loix et aux intentions de l'Empereur. »

409. Cavalier chinois.

GRASSET DE SAINT-SAUVEUR (Jacques). — *Costumes civils actuels...* — Paris, 1784, 4 petits in-4°.

410. Devin du Kamtschatka.

Même ouvrage.

411. « Observatoire de Peking. »

DU HALDE (J. B.) de la Compagnie de Jésus. — *Description géographique, historique, chronologique, politique et physique de l'empire de la Chine et de la Tartarie chinoise... ornée d'un grand nombre de figures et de vignettes gravées en taille-douce.* — Paris, P. G. Le Mercier, 1735. 3 vol. in-folio.

Six Jésuites, membres de l'Académie des Sciences, étaient partis pour la Chine en 1699 à bord de l'*Amphitrite* pour rejoindre la première mission. Leurs connaissances en optique, mathématiques et astronomie leur avaient conquis la faveur de l'Empereur de Chine. Le P. Le Comte décrit ainsi les instruments dont on se servait à l'Observatoire de Pékin : Sphère armillaire portée sur quatre têtes de Dragons « enveloppéz de nuages, couverts au-dessus des cornes d'une longue chevelure, portant une barbe touffuë sous la machoire inférieure, les yeux alluméz, les dents longues et aiguës, la gueule béante et vomissant toujours un torrent de flammes Sphère équinoxiale soutenue par un Dragon qui la porte sur son dos courbé en arc. Horizon azimutal, où quatre Dragon repliéz courbent leur tête sous le limbe du grand cercle, » etc.

412. Portraits des Jésuites de l'Observatoire de Pékin: « Le P. Mathieu Ricci, le P. Adam Schaal, le P. Ferdinand. Verbiest. »

Même ouvrage.

413. Boussole chinoise.

Montée sur un fond argenté et enchâssée dans un plateau circulaire en bois vernis dont la face comprend 9 bandes concentriques.

414. Boussole chinoise.

Montée sur un fond argenté et enchâssée dans un plateau circulaire en bois dont la face comprend 17 zônes chargées de caractères chinois en noir et rouge.

415. Plan de Pékin (1752.)

Le plan de la ville tartare ou mandchoue, où se trouvent les édifices les plus remarquables et presque tous les établissements des Européens, fut dressé par Philippe Buache, d'après un plan original chinois. L'auteur y joignit, en collaboration avec Nicolas Delisle, le plan plus sommaire de la ville chinoise, centre de l'industrie et du commerce.

TABLE DES PLANCHES

XI. Sadi. — Le parterre de Roses. Lutteurs aux prises devant le roi. Boukhara 1553 (N° 29).

XII. Nizami. — Roman de Khosrau et Shirin. La rencontre de Farhad et de Shirin. Isfahan 1626 (N° 46).

XIII. Nizami. — Roman de Khosrau et Shirin. La rencontre de Khosrau et de Shirin. Isfahan 1624 (N° 47).

XIV. Camée Sassanide. Le roi Sapor faisant prisonnier l'empereur romain Valérien.

XV. Coupe Sassanide. (Collection de Luynes) Chosroès II à la chasse.

XVI. Pièce d'échiquier de Charlemagne (Ivoire sculpté).

XVII. Sharaku. — Le départ pour l'exil.

XVIII. Carte de l'Arabie et de l'Inde (Atlas catalan N° 123).

XIX. Outamaro. — Portrait d'une jeune femme.

XX. Caravane se rendant en Chine (Atlas catalan N° 123).

TABLE DES MATIÈRES

PIÈCES ET OBJETS D'ART

prêtés par le Musée Céramique de Sèvres.

Syrie. — *Faïence émaillée.* Un vase cylindrique ; décor d'inscriptions et rinceaux en bleu. XVe siècle. (S. 1.).

Perse. ? — *Faïence émaillée.* Un vase ovoïde ; décor d'arabesques et d'inscriptions. XIVe siècle. (S. 2.)

Perse. — *Faïence émaillée.* Une bouteille à panse sphérique, décor bleu et noir. Sur la panse trois oiseaux. Ancienne fabrication. (S. 3.)

Perse. — *Faïence émaillée.* Une grande soucoupe sur pied bas ; fleurs et arabesques vermiculées sur fond bistre. Ancienne fabrication. (S. 4.)

Perse. — *Faïence émaillée.* Une bouteille côtelée, allongée, feuillages à reflets métalliques sur fond gris bleu. Col en métal. XVIe siècle. (S. 5.)

Perse. — *Faïence émaillée.* Sept carreaux dont cinq octogonaux et deux croix de Malte à reflets métalliques. XIIIe siècle. (S. 6 à 12.)

Perse. — *Faïence émaillée.* Trois fragments de revêtement. XVIe siècle. (S. 13 à 15.)

Perse. — *Faïence émaillée.* Un bol hémisphérique ; décor paon et feuillages, fond bleu à reflets métalliques. XVIIe siècle. (S. 16.)

Perse. — *Faïence émaillée.* Une bouteille cylindro-conique, décor fleurs et oiseaux à reflets. XVIIe siècle. (S. 17.)

Perse. — *Faïence émaillée.* Un fragment de brique ; décor de personnages en relief à reflets. Ancienne fabrication. (S. 18.)

Perse. — *Faïence émaillée.* Un fragment de carreau d'étoile à décor de personnages. Ancienne fabrication. (S. 19.)

Perse. — *Faïence émaillée.* Une soucoupe sur pied à décor de rosace et arabesques sur fond bistre. XVIIe siècle. (S. 20.)

Perse. —.*Faïence émaillée.* Une coupe. Décor fleurs et inscriptions avec reflets. XIIIe siècle. (S. 21.)

Perse. — *Faïence émaillée.* Un bol hémisphérique ; décor de cartels et fleurs camaïeu bleu. XVIe siècle. (S. 22.)

Perse. — *Faïence émaillée.* Un plat rond, décor polychrome de personnages et de chevaux. Ancienne fabrication. (S. 23.)

Perse. — *Faïence émaillée.* Une gargoulette, décor d'ornements en camaïeu bleu. Ancienne fabrication. (S. 24,)

Rhodes. — *Faïence émaillée.* Un plat à bord festonné ; au fond assemblage de tiges fleuries placées en spirales. XVIIe siècle. (S. 25.)

Rhodes. — *Faïence émaillée.* Un plat à bord festonné, au centre assemblage de roses, tulipes et œillets. XVIIe siècle. (S. 26.)

Damas. — *Faïence émaillée.* Un plat à décor de fleurs polychromes. XVIe siècle. (S. 27.)

Rhodes. — *Faïence émaillée.* Une bouteille sphérique à long col et bague renflée ; décor d'animaux en réserves blanches sur fond vert XVIIe siècle. (S. 28.)

Damas. — *Faïence émaillée.* Un plat creux à décor de fleurs polychromes. XVIe siècle. (S. 29.)

Asie Mineure. — *Faïence émaillée.* Un carreau de revêtement à décor de bandes verticales de fleurs. Ancienne fabrication. (S. 30.)

Arménie. — *Faïence émaillée.* Deux briques commémoratives à décor de figures polychromes. Ancienne fabrication. (S. 31 et 32.)

Constantinople. — *Faïence émaillée.* Un carreau provenant de l'ancienne mosquée de Constantinople. (S. 33.)

Perse. — *Faïence émaillée.* Un carreau de revêtement, décor fleur de pivoine. XIXe siècle. (S. 34.)

Constantinople. — *Faïence émaillée.* Un carreau de revêtement provenant du sérail de Constantinople. (S. 35.)

Perse. — *Faïence émaillée.* Trois carreaux et fragments, décor de fleurs polychromes. Ancienne fabrication. (S. 36 à 38.)

Chine. — *Porcelaine dure.* Une statuette représentant la vierge et l'enfant Jésus sur ses genoux. Fond d'émail ivoire. Fin XVIIe siècle. (S. 39.)

Chine. — *Porcelaine dure.* Un vase de forme quadrangulaire, décor de feuilles en relief, quatre médaillons de fleurs ; émail blanc. XVIIIe siècle. (S. 40.)

Chine. — *Porcelaine dure.* Un vase à panse ovoïde décor de fleurs et personnages avec deux anses à tête de chimère. XVIIIe siècle. (S. 41.)

Chine. — *Porcelaine dure.* Un vase balustre à col droit, têtes de mascarons, fond brun cachou craquelé. XVIIIe siècle. (S. 42.)

Chine. — *Porcelaine dure.* Un vase quadrangulaire à fond céladon. XVIIIe siècle. (S. 43.)

Chine. — *Porcelaine dure.* Un vase à décor de fleurs en relief sur fond bleu turquoise. Ancienne fabrication. (S. 44.)

Chine. — *Porcelaine dure.* Un oiseau de proie, émail rouge et jaune. Ancienne fabrication. (S. 45.)

Chine. — *Porcelaine émaillée.* Un groupe de deux perroquets perchés sur un tronc d'arbre, fond rouge flammé. Ancienne fabrication. (S. 46.)

Chine. — *Porcelaine émaillée.* Un groupe de deux perroquets perchés sur un tronc d'arbre, fond rouge flammé. Ancienne fabrication. (S. 47.)

M. BING

R. HAASE, Succ[r]

ORIENT - EXTRÊME-ORIENT

ÉGYPTE - GRÈCE - MOYEN AGE

CHANTENAY, IMPRIMEUR, PARIS

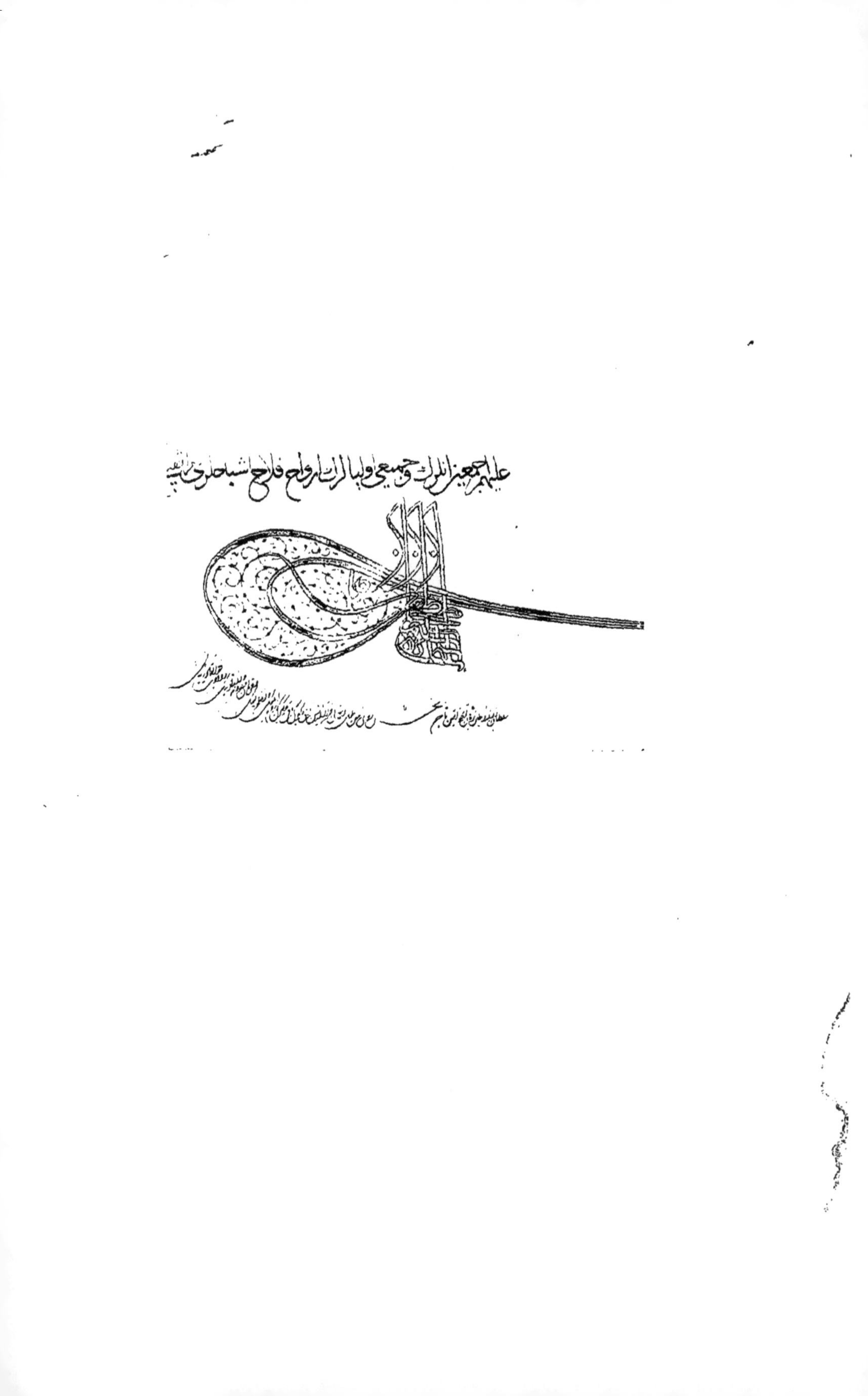

عليهم اجمعين انلرك وجميع اوليا الرك ارواحي فلاح اشبحلري

www.ingramcontent.com/pod-product-compliance
Ingram Content Group UK Ltd.
Pitfield, Milton Keynes, MK11 3LW, UK
UKHW021535260726
13993UKWH00002B/518

9 782329 198569